二孩来了

二孩时代

胡萍　主编

中国科学技术出版社
·北　京·

图书在版编目（CIP）数据

二孩来了 / 胡萍主编 . —北京：中国科学技术出版社，2016
（二孩时代）
ISBN 978- 7- 5046- 7038- 0

Ⅰ . ①二… Ⅱ . ①胡… Ⅲ . ①家庭教育 Ⅳ . ① G78

中国版本图书馆 CIP 数据核字 (2015) 第 304046 号

主　编	胡　萍
作　者	胡　萍　邵　梦　李　睿　梁军霞　齐　宇
	郭　佳　沙嘉蕊　炊炊烟烟　王　薇　茉　莉
	伊丽奇　刘金刚　荷　生　李玉帼　格日勒

策 划 人	秦德继　辛　兵
责任编辑	邓　文
装帧设计	朱　颖
责任校对	林　华
责任印制	马宇晨
法律顾问	宋润君

中国科学技术出版社出版

http://www.cspbooks.com.cn

北京市海淀区中关村南大街 16 号

邮政编码：100081

电话：010-62103130　传真：010-62179148

科学普及出版社发行部发行

北京盛通印刷股份有限公司印刷

开本：889 毫米 ×1194 毫米　1/32　印张 5.5　字数：90 千字

2016 年 1 月第 1 版　2016 年 1 月第 1 次印刷

ISBN 978-7-5046-7038-0/G·704

印数：1-5000 册　定价：29.80 元

目录

父母篇：对你们的爱，永远不变

作者简介

胡萍 "奇趣科学馆"创始人,科普阅读推广人,就职于中国科学技术出版社,担任副总编辑,热爱出版,热爱写作,极富家庭教育经验,女儿保送清华本科并推研。

邵梦 应用数学专业硕士,育有一儿一女,俩宝相差 20 个月,从事文字工作多年,爱阅读,爱孩子,更爱对孩子成长过程中的心理进行分析研究。工作之余,致力于儿童绘本阅读的推广与研究。

李睿 心理学硕士,国家二级心理咨询师,阅读推广人,现从事少儿科普图书编辑工作。新晋为两个孩子的妈妈,面对家庭、工作、育儿,有自己独特的思考。

梁军霞 从事少儿图书出版多年。有了女儿后,每天和女儿一起阅读,是最开心的事!

齐宇 艺术学硕士,童书编辑,网络写手,手作达人。从事童书出版行业多年,擅长玩具书亲子阅读推广与营销策划。

郭佳 儿童安全专家,喜爱 DIY 的手工达人,极富爱心,是小朋友亲切的阿紫姐姐。

沙嘉蕊 童书行业市场经理。升级做妈妈后,辨别童书眼光更加犀利。现专注于正面管教和个性化育儿,推崇父母爱的力量胜过一切!

炊炊烟烟 "炊烟的厨房"创始人,爱孩子、爱家庭、爱生活、爱美食,育儿专栏、美食专栏撰稿人。曾就职于某门户网站,担任文化频道副主编,从事传媒领域工作;有了二胎宝宝后华丽转身做起了一位有趣的全职妈妈。

王薇 北京大学西方语言文学系德语文学专业学士学位,中国人民大学应用心理学专业硕士。国家级心理咨询师、儿童注意力及学习能力培养专家、国内前沿的儿童及青少年心理咨询专家。喜爱阅读和文学,已有多部翻译作品出版。

茉莉(孙九利) 美国正面管教家长讲师 / 学校讲师、美国 PAT 家庭指导师、悠贝阅美妈妈讲师团高级讲师。

伊丽奇 中科院心理研究所应用心理学专业,国家三级心理咨询师。

刘金刚 原就职于省级电视台六年,节目曾获省政府新闻一等奖,国家二等奖;现为传媒公司创始人,专注于视频、自媒体的实践与探索。

荷生 上海师范大学发展与教育心理学硕士,国家二级心理咨询师。从事儿童教学研发事业多年,并在各类心理和教育期刊上发表了多篇文章,对儿童身心发展和教育教养颇有研究。

李玉帼 北师大生物系的硕士,上百种童书的责编,两个男孩的妈妈。

格日勒 美国正面管教协会认证家长讲师 / 学校讲师 / 导师候选,正面管教学校讲师 DVD 译者。

朱颖 艺术设计专业,擅长视觉设计和图书装帧,负责设计本套丛书的封面、内文版式。

引子

二孩时代真的来了，当"单独二孩"的政策一出时，就有很多家庭选择要二孩，如今全面放开二孩，未来将会有更多的家庭有两个孩子。科学养育已成为现代父母追崇的理念，但往往理想是美好的，现实是残酷的。没有二宝前，每个家庭所经历的情况不尽相同，有了二宝后，每个家庭面临的问题也会迥然不同。

当两个小生命都来到我们身边时，那种喜悦是相同的，那种期望是相同的，那种幸福也是相同的……

有了二宝后，可能会面临最困难的时刻——两个孩子都生病；
有了二宝后，可能会享受最幸福的时刻——两个孩子相亲相爱；
有了二宝后，可能会遇到最棘手的时刻——两个孩子的战争；
有了二宝后，可能会遭受最难熬的时刻——父母的力不从心；
……

出现这些问题时，现在已有二孩的家庭是如何解决的呢？这里有二孩妈妈的亲身经历，有正面管教讲师的专业指导，有心理专家的案例解读，所有的一切都为二孩家庭准备。

最后引用美国进步主义教育家威廉·赫德·克伯屈的话："教育属于生活，教育为了生活，而且教育要依靠并借助于生活。"

二孩来了，让我们从生活中去寻找养育的方法，体会其中的快乐吧！

我的世界变化了

引导大宝迎接新生命的到来

2015 年 11 月 9 日,《广州日报》发表了一篇题为《江门 10 岁哥哥欲将二胎妹妹从 11 楼扔下》的报道,引原报道"因为不满爸爸妈妈把过去对自己一个人的爱分给刚出生几个月的妹妹,江门市 10 岁男孩军军(化名)竟然以照看妹妹为借口,抱起睡着的妹妹就要往 11 楼的阳台外扔,所幸爸爸妈妈及时发现他的举动,才避免了悲剧的发生。"

"全面放开二孩政策"方针已定,实施落地只是时间问题,对于准备迎接二孩到来的爸爸妈妈们是否考虑到了大宝的感受? 是否确信能通过自身的正确引导让已经有了强烈自主意识的大宝欣然接受即将到来的弟弟或者妹妹呢?

80 后可能是目前生二孩的主力人群,其中大多数人本身就是独生子女,在自己的成长过程中身边不曾有过兄弟姐妹,想让他们通过自己的经验引导孩子接受一个"分走爸爸妈妈一份爱"的弟弟或妹妹可能很难实现。这样一来,引导孩子接受一个弟弟或妹妹便成了每一个已有二孩或准备要二孩的家庭需要面临的严肃问题,也是我们的社会正在面临的严肃课题。

如何解决一孩无法接受二孩的问题？答案只有一个——心理引导。那么，如何做好对大宝的心理引导呢？

首先，注意日常的语言暗示。作为父母，万万不能把弟弟妹妹会分走对你的爱这样的话挂在嘴边，这种不经意的玩笑会慢慢在孩子的心里埋下不良的种子。我们的爱不是只有一份，借用一句俗语："两个人分享一份快乐（爱）得到的就是两份快乐（爱）"。我们要告诉孩子：即便有了弟弟或妹妹，父母对他（她）的爱也不会减少，相反，这个世界上又多了一个爱他（她）的人。

其次，常与孩子沟通生二孩的话题，给孩子充分的心理准备。二

孩的到来毕竟打破了家庭已有的平衡，让孩子接受起来是需要时间的，那么我们为何不把这个时间提前些呢？不要以为孩子小什么都不懂，征求孩子的意见是对孩子最起码的尊重。

再次，引导孩子爱自己的弟弟或妹妹。有句话是这样说的：爱他就能包容他。父母可以尝试给孩子买一个宝宝玩偶，让孩子"照顾"它，培养孩子的爱心，这样当二宝到来的时候孩子对宝宝玩偶的爱心更容易直接转移到弟弟妹妹的身上。这种玩偶"训练"还可以让宝宝觉得自己很能干，他（她）会觉得自己不只是一个受人照顾的孩子，自己也可以照顾别人，照顾即将到来的弟弟妹妹对他（她）而言会成为顺理成章的事。

最后，让孩子学会分享。从食物到玩具、书籍，再到亲人之间的爱，只有孩子学会了分享，才能更好地接纳二宝的到来，也为和谐的家庭奠定了基础。

文章开头提到的只是个别事件，虽然是个例，但依然应当引起我们的警惕，一旦事情成真那便会成为一个家庭永远的伤痛。希望每个家庭都能给予大宝正确的心理建设，让和谐的三口之家顺利过渡到和谐幸福的四口之家。

（梁军霞）

让大宝爱上小宝：
手足情深源自父母的细心呵护

弟弟出生后，依依感觉到自己的生活有了翻天覆地的变化：爸爸妈妈陪自己的时间少了，自己的玩具弟弟也玩，甚至是自己玩什么，弟弟就抢什么。有时候，自己正玩得高兴呢，弟弟忽然就把自己的玩具抢走了。爷爷奶奶还经常说："弟弟小，你就让让弟弟吧，你是大姐姐，可以玩其他的玩具。"一开始，发生这样的事情时，依依都会哭闹，但几次后，依依就不再哭闹，而是动手打弟弟。有时她还会气愤地说："弟弟总抢我东西，我不想要弟弟了！"

其实对于一个家庭来说，无论两个孩子年龄差距多大，无论这个家庭经济状况如何，老二的到来都会影响到老大的原本生活。

家庭中的资源，曾经全部由老大"独享"，而现在则必须去和另一个孩子分享。包括吃穿住行，甚至父母的关心爱护。面对这种情况，老大往往就会表现出一些逆反、倒退、怪异的行为，作为父母，肯定对这种事情感到困扰，多希望老大能真心地爱老二。

此时，如果父母处理不好老大的情绪问题，让老大长期感觉受到冷落，势必会让老大的心理产生不平衡，产生嫉妒心理，进而在性格上走向偏激，不但会影响两个孩子之间的感情，甚至还会影响孩子的健康成长。

对此，作为父母，应该尽量做到以下几点。

首先，要二宝前最好征求老大的意见。除非是两个孩子年龄差距太小，跟他们说了，他们也无法理解弟弟妹妹为何物时，就可以在弟弟妹妹出生后遇到这种情况时再处理。而如果老大已经有了弟弟妹妹的概念，而且已经懂得这些，那如果老大不同意，就要进行心理引导，直到她（他）能接受要有个弟弟妹妹的事实。

再者，弟弟妹妹出生之后，家长要把握均衡原则。在物质、精神

上，都要坚持均衡，尽量做到不偏不倚。不能因为老二小需要照顾，就冷落了老大，让老大产生类似"爸爸妈妈是不是不爱我了"、"爸爸妈妈到底爱谁多一点"的想法。

此外，父母对孩子要多进行心理疏导，一旦出现孩子间争风吃醋的情况，父母要及时进行干预，并做出公平的处理。还有很重要的一点就是不仅要引导孩子"要这样"，还要告诉他们"为什么要这样"。

处理好两个孩子之间的关系，还要引导老大树立榜样。让老大认识到自己是老大，对老二要照顾，像家长一样对待弟弟妹妹。当老大有了担当有了责任感，就不会在一些小事上争宠。

其实在一些生活细节上，家长可以正确引导老大和老二的认识。比如，可以先让老大玩亲朋好友送给老二的生日礼物，并这样跟老大说："因为弟弟过生日所以收到了礼物。虽然是弟弟收到的，但是你也可以玩啊，你的玩具并没有因为弟弟的到来而减少，反而因为有了弟弟，又多了好多。"

只有让老大意识到老二的到来会给他的生活带来快乐而非难过的时候，才会让老大真正地爱上老二。

（邵梦）

弟弟，请你跟我学:
发扬大宝的表率作用

现今的很多拥有俩宝的父母在处理两个孩子的关系时是极其小心，也是尽量科学的，尽最大可能做到不偏不倚，但是毕竟精力有限，对于照顾两个孩子的心理情绪及生活问题还是力不从心。

当"单独二孩"政策出来后，我就要了老二，在怀上老二时我就在研究处理两个孩子关系及父母可能要面对的各种问题，在老二出生后，我和孩子爸爸尽力照顾老大的情绪，不但没偏向小的，反而感觉是偏向大的。老大仍旧跟我们一起睡，在我们看来，老大没有受到任何不公平的待遇，可以说我们比以前更加疼爱她了。可是这仍旧会产生问题，照顾老二的事情几乎全部交给老人，俩孩子的习惯不尽相同，作为父母也是感觉到身心俱疲，不是想偏爱哪一方，而是真的无法同时满足两个人的要求，比如同时要求抱着、同时要喂饭、同时要睡觉等，有时特别希望自己能够分身，可现实总要面对。直到有一天，就剩我一个人在家带两个孩子，我觉得自己可能要崩溃了，可是事实却相反：我要给老大做饭，可是又不能同时看着两个孩子，就只能让老大照顾老二，谁知平时因为抢玩具而哭闹的俩孩子变了，姐姐一直在给弟弟玩具，教弟弟怎么玩玩具，俩人相处非常融洽。

其实，正是因为平时有家长在身边，老大的能力才没法发挥出来，而是被压制着。有两个孩子的家庭，两个孩子会相互模仿、相互影响。比如大孩子生活习惯好、认真学习，会给小的树立榜样，老二的能力一般不会差。如果大孩子在家庭中总受委屈，老二也容易出现烦躁、哭闹的情绪，逐渐演化到两个孩子相互不容。如果家长能正确引导，公平对待两个孩子，而且把老大的榜样力量发挥到最大，就会减少带两个孩子的辛苦与麻烦，生活自然就会轻松起来。

而且，老大是很喜欢自己的弟弟或妹妹跟自己学的，他会觉得自己像个小大人，有一种成就感，自然就更能激发他的责任感，认为自己就是有责任照顾小的，而且是发自肺腑想去照顾小的。当小的总是跟着大的学的时候，老大就会表现得越来越好，比如平时不怎么爱刷牙，但是发现弟弟在模仿自己刷牙，她自然就开始认真刷牙，而且会教弟弟怎样才是正确的刷牙方式。像这种情况会经常发生，比如教弟弟走路、教弟弟唱歌跳舞……总之是努力把自己会的全部教给弟弟，并且非常享受被模仿的感觉。

当这种情况出现时，无论老大做的事情是对还是错，家长都不要去阻止，她只是在以她认为对的方式在教弟弟，她没有意识到自己的做法是对是错，家长可以采取正确的方式去引导老大和老二的行为，但一定要给老大足够的肯定，而不是打击其积极性。对于老大的不正确行为，可以在平时指出，并教导其正确的做法。很多时候，融洽的关系比对错本身更重要。

（邵梦）

不要忽视大宝：多给大宝一点关注

当新生命降临时，我们在欣喜的同时总是习惯性地把关注的目光放在他身上。正如老大来到这个世界上时集万千宠爱于一身，他独享着全部的爱与呵护。而当老二进入这个家庭时，我们也难免理所应当地认为他是弱小的，是需要被全心全意照顾的对象。

老二刚来到我家的那几个月，本来已经有些自理能力的老大突然退化成了一个"大婴儿"：吃饭要喂，睡觉要哄，到处求抱求哄，成了十足的黏人精。本来照顾老二我就已经筋疲力尽了，但是更被老大打击得心理濒临崩溃。在生老二之前父母已经预想到会对老大的生活产生影响，但只是比较乐观地估计无非是要要脾气闹一闹就过去了，而完全没有想到会有这么大的反应。不得不承认，老二的到来可能在老大眼里就是灭顶之灾，小家伙摆出了一副一级战备架势要斗争到底。

有天老大兴冲冲地拿着玩具跑来找我，刚好妈妈在给老二换衣服，妈妈只能抱歉地说："对不起，妈妈正在给妹妹换衣服，你先自己玩会儿，妈妈等一会儿再陪你玩好吗？"结果那一天小家伙都对妈妈爱搭不理。事后妈妈反思过自己的语气和表情，是不是表现出希望他赶紧走开好尽快完成手头上的事情？即使妈妈并没有这种感觉，可能对于他来说就是妈妈赶他走的意思。有时正是我们这种不自觉流露出的态度，可能已经伤害到了老大的感情，他会理所应当地想到：过去爸爸妈妈会马上放下手头的事情陪他玩，而现在因为有了老二，爸爸妈妈就不能陪他了。由此，难免会产生危机感和不安全感，继而对老二产生敌对意识，久而久之形成竞争关系，总是想着与弟弟妹妹争宠，引发一系列家庭关系的紧张。

这时我们首先应该反思的是家长的问题。事实上，对于老二，我们更多地应该是生活上的照顾，而对老大则更注重情感上的照顾。甚至在老二还小时要把更多的精力放在老大身上，毕竟对于这个家庭来说他是先来的那一个，并且已经享受了很长时间的优待，如果突然有一天这些优待都变成了等待，对一个成年人来说可能都是不小的心理落差，需要慢慢调节，更何况是一个生理和心理都还没有发育成熟的孩子。作为父

母的我们有责任和义务来帮助孩子调节好心情，其实孩子的心情很大程度上受我们言行举止的影响，这就是为什么要强调一定不要忽视老大。

有了老二以后，老大最常问的问题是："妈妈，有了妹妹你还会像以前一样爱我吗？"妈妈每次都会用最诚恳的语气回答："当然了，宝贝，妈妈永远爱你！"以往他都不会再追问什么，可突然有一天他继续问道："可是妈妈也爱妹妹，那分给我的爱不就少了吗？就像蛋糕一样，切出去就少了啊。"虽然不知道他是从哪儿听到这种"蛋糕理论"的，为了争取更多的思考时间，妈妈还是赶紧把他抱在怀里，想了想然后说："不会的，因为妈妈会做蛋糕，我保证你和妹妹的蛋糕都只会变大不会变小。"这个解释让老大很满意，于是他高高兴兴地去玩别的了。如果妈妈当时没有给出一个让孩子安心的解释，或者随便打发他去干别的，估计在他的心里肯定会对妈妈的爱产生怀疑，他会觉得是自己不够好，会觉得这一切都是妹妹的错，一系列的后续问题也就会接踵而至。

有人常说养孩子不是拼智商而是拼情商，需要的不是小聪明而是大智慧，可想而知养两个孩子要处理的问题不是双倍，而是比双倍更多。两个孩子之间的关系，孩子与家长的关系，更多的是需要维持一种微妙的平衡。如果说有什么好建议的话，那么第一条就是多为老大想想，不要忽视他的感受。首先要体谅他的所作所为，千万不要说"怎么越大越不懂事"、"弟弟妹妹还小需要照顾"、"你是大的就要多让着小的"、"你不是一个好哥哥／好姐姐"等否定他的话语，要明白很多时候他的无理取闹只是想确认父母是不是还爱他，理解了这一点后还要及时用行动告诉他：爸爸妈妈依然无条件地爱他。每天抽出一定的时间来专心陪老大，就像以前一样，同时拜托其他人来照顾老二。老大已经成长为一个有意识有思想的孩子，所以请把你的目光多投向老大。即使手上忙着老二的事情，也可以和老大用语言多交流。你可以在陪老大的时候时不时翻出他小时候的照片和视频，跟他说："你看，这是你小婴儿时的样子，那时候爸爸妈妈也像现在照顾弟弟／妹妹一样，天天给你换衣服、换尿布、洗澡。你那时一洗澡就可高兴了！"一来告诉他父母也曾经一样尽心尽力地照顾过他，二来也让他明白现在对老二的照顾是正常并且暂时的，并不是特殊待遇。尝试用各种方法来缓解他的焦虑，确认他在家中的地位，这可能是一个相对漫长的过程，也可能出现情绪的反复，需要付出的不只是耐心还有沟通技巧，但是为了整个家庭的和谐，绝对值得倾注精力来实施。

其实归根到底，手心手背都是肉，两个孩子不过是有先有后地来到我们的生命里，他们都是值得被我们用心呵护和爱的对象。在成长的过程中既会有相亲相爱、手足情深，也会有争吵打闹、鸡飞狗跳。身为父母的我们也要不断学习，学习不同阶段与孩子沟通的技巧，学习体会他们的心情，学习理解他们说话做事背后的原因，跟随孩子一起成长，教会他们爱与尊重，相信一定能够收获一个幸福的四口之家。

（沙嘉蕊）

理解大宝的反常情绪和行为

两岁半的依依是个乖巧懂事的小姑娘，即使弟弟出生后也没有表现出太多的情绪问题。可是最近，她动不动就摔东西，本来和大家一起玩得很开心，忽然之间就会把手里的玩具使劲摔到地上，找不到任何理由。问她为什么这样做，她就眼珠叽里咕噜转，而不直视大人的目光。有时还会把东西摔到弟弟的身上，故意把弟弟打哭，如果这时候大人批评她，她就会承认错误，但是没过一会儿就又故技重演。

你看，原本乖巧懂事的小依依表现出了怪异反常的行为，虽然面对大人的责问，依依也会及时承认错误，但是批评并不能从根本上解决问题，甚至可能让情况变得更糟糕。由于二宝的到来，家庭成员的结构发生了改变，这一切对大宝的影响是很多父母绕不开的话题：大宝能接纳二宝吗？其间会不会出现心理或行为问题？该如何引导大宝跟二宝相处？面对这些疑虑，作为有生二宝计划的夫妻，应为家中大宝的心理健康提前做好准备。

理解大宝反常的情绪或行为

二宝的到来，对于家庭里其他成员的心理似乎并没有太大的影响，俗话说"手心手背都是肉"，不管有多少个孩子，妈妈都是一样的疼爱，但是站在孩子的角度，不管妈妈嘴上如何说爱他，事实都是：二宝出生后，分享了妈妈的爱和精力，占据了妈妈更多的时间和怀抱，对于从出生就尽享全家人关注的大宝来说，他肯定会有被冷落的感觉，他会不由自主地开始担心爸爸妈妈是不是不爱自己了？他在这个家庭里是不是不重要了？对于这种"失宠"的感觉，年纪较小的孩子还无法用语言来表达，因而便会表现在行为上。例如他们可能会变得爱发脾气、不讲道理、时常哭闹或爱黏妈妈。孩子也可能会为吸引大人的注意而出现一些问题行为，如故意捣乱，或趁父母不注意时，偷偷地打或捏弟弟妹妹。孩子稍大点后，开始有嫉妒等复杂情绪，如果发现大家的焦点不在自己身上，更会引发心理不平衡。对于大宝这些反常的情绪和行为，家长绝不能草率地批评大宝，而是应该透过现象去探究他们的内心世界，尝试理解大宝这些行为背后潜藏的真正原因。

家庭关系的变化：心理学家邓恩等人对儿童如何接纳新生婴儿进行了研究，结果并不那么令人欢喜。随着婴儿的降生，母亲对较大孩子的关爱和注意都会减少，而较大的尤其是2岁或更大些的孩子，能敏锐地感知到家庭中由于小宝宝的诞生而产生的一系列变化，就会变得更加对立和具有破坏性，同时依恋的安全程度也会降低。

同胞竞争：所谓同胞竞争，指的就是通常在年龄稍小的弟弟妹妹出生之后，稍大的孩子发生的某种程度上的情感紊乱。可以说同胞竞争诠释了兄弟姐妹之间相处时的微妙关系，但是父母应该认识到，对于二胎，稍大的孩子有排他情绪、嫉妒心理都属于正常的反应。因为孩子的内心是很敏感的，当这种潜在的竞争对孩子造成压力时，势必会通过一些途径来表达自己内心的危机感，有时候有些行为看起来可能会比较极端，但是父母千万不能简单地认为这只是孩子在闹情绪，哄一哄或是批评一下就可以了，如果忽略了他们的心理感受，孩子的压力无法疏通，可能会让情绪或行为问题更加失控，甚至引发悲剧。

以自我为中心：实际上，每个人都有以自我为中心的意识，只是表现程度不同罢了。不管其程度如何，这种意识都会成为体谅、理解别人的障碍。现在的家庭大都是独生子女，孩子一出生周围就站满了各位关心他的家人——爷爷、奶奶、外公、外婆、爸爸、妈妈，在日后的养育过程中，他也一直被视为家庭的中心、掌上明珠，久而久之，孩子就变成了"小皇帝"、"小太阳"，别人都得跟在他屁股后面围着他转。而家中有了二宝，这一切都改变了，意味着有一个人跟他分享原本属于他一个人的爱、玩具和零食，他的要求也不会像以前那样永远都在第一时间得到满足。这样，大宝势必会觉得不适应，因而会用很多反常的行为和情绪来宣泄自己的愤怒。所以当孩子产生排斥情绪时，父母要表示理解；当孩子还不能完全接受时，应适当接受孩子的坏脾气。但接受并不代表要无条件的纵容，理解了孩子产生负面情绪的原因，学会用正确的方式去引导孩子的行为，才是解决问题的根本之道。

理解孩子的情绪比责怪孩子的行为更有效

每当小依依摔打玩具或"欺负"弟弟时，大人都会责问或批评她，依依虽然承认了错误，但是实际上并没有解决问题，还是会重复同样的行为。做父母的除了要了解孩子反常行为背后的心理原因，更重要的是用正确的方法去安抚孩子的情绪，引导孩子的行为。

不管多大的孩子都会有情绪有脾气，尤其处于这样一个焦虑期的孩子，当他不能完全肯定妈妈对他的爱不变时就很容易变得敏感、易怒、易哭，有时会莫名其妙发脾气，动不动因为一点小事就哭哭啼啼，甚至有些孩子还会拿小宝宝出气，如果这时对孩子不问缘由地发脾气、大喊大叫甚至打骂只会让事情变得更糟。孩子不会无缘无故发脾气，只是年龄小的孩子往往说不出原因，而年龄大的孩子又不愿直接说原因，或者孩子根本就不能洞察自己的真实原因，所以看似无理取闹的行为背后其实都是围绕着关于爱的话题。所以在这段特殊时期，对于大宝的坏脾气要尽量多包容，多分析，多引导，同时一定要用语言和行为去强调对孩子的爱不变，才能帮孩子早日打消心里的疑虑，让情绪平稳下来。

当然，说起来容易做到难，其实这也是父母的一个修炼过程，父母只有控制好自己的情绪，才能在孩子乱发脾气时做到泰然处之，进而帮助孩子控制好情绪。

让爱化解嫉妒

理解大宝种种不良情绪和行为的来源只是第一步，那么如何从根本上让大宝接纳家庭新成员，以及面对家中随之而来的改变呢？父母可以分几个阶段来逐步巩固大宝的安全感和自信心，只有让大宝从心底接纳了二宝的存在，适应了二宝带来的生活的改变，才能在一定程度上打消家庭新成员带来的"威胁"，从而顺利度过"焦虑期"。也只有这样，父母才能真正体会到"家有俩宝"的幸福快乐。

孕育二宝时

1. 让大宝参与妈妈的孕育过程

在妈妈怀孕、二宝尚未出生的这段时间里，父母不仅要告诉大宝，家里多了一个新成员后的种种变化和可能会对大宝产生哪些影响，让大宝提前做好心理准备；还要告诉孩子爸爸妈妈需要他/她的帮助，明确大宝作为长子或长女的地位和责任；更重要的是要反复强调对大宝的爱永远不会变，父母的亲吻拥抱对孩子是最有效的肯定；最好可以有预见性地给大宝"打打预防针"，向他解释说明一下二宝出生后可能会有一些让他不高兴的事情，比如妈妈要更多地照顾弟弟妹妹，要给弟弟妹妹喂奶、哄睡，不能像以前一样常常抱他，但是妈妈依然爱他……当然这点不能掩盖也不要过于强调，要淡然处置。在孕期里还可以带大宝一起去产检、拍亲子照，让他参与到照顾妈妈和胎教以及为小宝宝出生做准备的一些事情中来，让孩子亲身感受到二宝即将到来的事实。总之，抓住孕期时间，充分为大宝接纳二宝的到来奠定基础。

2. 强调妈妈对大宝的爱不会被夺走

从计划要二宝时就要不断强调不管有多少孩子，妈妈的爱都不会被抢走。虽然这是很简单的一件事，可是偏偏很多父母都忽略了，都觉得自己辛辛苦苦、好吃好喝漂亮衣服供给着孩子，要是不爱孩子能这样辛苦吗？但是对小孩子来说，他们还理解不了这些，做得再多不如对孩子说一句"我爱你，宝贝"来得更直接有效，尤其是怀上二宝以后，更要反复强调多了一个孩子是多了一份爱，而不是抢走一份爱。

新生命到来后

3. 挤出时间陪大宝

一个新生命到来，必然给家庭中带来各种变化，所有人都需要适应，无论之前多么信誓旦旦，当亲眼看到妈妈怀里抱着小婴儿而不能搂着自己时，大宝心里都会非常难过，甚至怀疑妈妈是不是不爱自己了？尽管可能有其他家人的照顾，但是对孩子来说依然不够，妈妈的一个拥抱一个亲吻比旁人说上十句话都管用，更容易让孩子感受到妈妈的爱，所以妈妈还是要尽量多和大宝亲热。另外既然分配不均的不是爱而是时间，那么就尽量多挤出时间陪陪大宝。而亲子阅读是一种很好的亲子沟通方式，妈妈可以多和大宝进行亲子阅读，在阅读的过程中既能陪伴孩子，也能让孩子明白一些道理，而且给大宝讲故事的同时其实对二宝也是个很好的熏陶。

4. 千万别让大宝受冷落

新生儿的到来对一个家庭来说是件大事，自然少不了亲朋好友的祝贺和前来探望，因为大家主要是为了新生宝宝前来道喜，自然注意力更多是集中在新生儿身上，大家带来的礼物也基本是送给新生儿的，有时候难免就忽略了大宝的感受。尤其年龄小的孩子，原来一直是大家的焦点，现在自然会感到失落，所以父母此时一定要注意，哪怕使用特殊方法来协助大宝疏通好情绪，比如为大宝准备一份礼物。

二宝的成长期

5. 让大宝参与到二宝成长过程

孩子都有很强的参与意识，所以当二宝到来之后，如果想让大宝尽快进入角色，尽快接受弟弟妹妹的到来，最好的办法就是让他参与到照顾二宝的日常生活中来。大宝从照顾二宝的过程中得到了乐趣，也自然而然地更喜欢弟弟妹妹的到来。

6. 相同要求不同标准

作为父母首先要努力做到对两个孩子一样关爱，当然对大多数家庭来说，当二宝到来后对大宝都会放松一些要求，来抚慰大宝的情绪。不过宽容不等于放纵，必要的规矩还是要遵守的，比如吃饭的时候，对两个孩子应该相同规定，不管是谁都必须坐在自己的座位上，直到吃饱才能离开，若未经准许提前离开座位则视为主动放弃这顿饭。但是两个孩子年龄不同，标准自然是不同的，在统一的规定制度上采用不同的标准，并且事先和大宝讲明白。这样有标准的规定，会更方便、更有效地教育两个孩子，这样孩子也就不会觉得爸妈偏向谁了。

（伊丽奇）

消除大宝的妒忌心

随着放开二孩政策深入人心，二孩成为当下最热门的话题，两个孩子的家庭也会越来越多，而如何让两个孩子和平相处肯定是众多家长头疼的问题。

《中国新闻网》报道，黄先生在跟亲朋好友讨论是否生二孩时，感叹自己不敢要。原来，黄先生女儿竟说："如果你们给我生个弟弟，那我就给你们添个外孙！"类似的报道屡见于报端，据《武汉晚报》报道，44 岁的肖女士和丈夫努力一年之后，终于如愿怀上二胎，但是 13 岁的女儿百般不愿意，相继以逃学、离家出走、跳楼相威胁。在女儿尝试割手腕后，肖女士不得不含泪到医院终止了妊娠。

2015 年，一篇题目为《我想对你说》的小学生作文风靡网络。文章的作者是五年级学生璐璐（化名）。文中提到：有一次，璐璐跟妹妹单独待在一起，妈妈在稍远的地方做家务。突然，妹妹哭了，妈妈跑过去，一边哄小的，一边骂大的。后来，璐璐也哭了，说妹妹不是她弄哭的。事后，妈妈跟璐璐道了歉，没想到璐璐仍然记得这件事。事实上，还有众多跟潘女士一样遭遇的家庭。有关专家称，从独生子女到二孩之家，大宝和家长一样需要适应和进步。

老大为什么会"讨厌"二孩，甚至不惜以死相威胁？究其根源，就是嫉妒心在作怪。当万千宠爱集于一身的老大突然发现父母的焦点转移到了老二身上时，巨大的心理落差成为孩子幼小心灵的不能承受之重，由此引发的问题不能不引起我们的重视。那么，如何才能消除老大的嫉妒心，让两个孩子和平相处呢？中国有名古话："三岁看大，七岁看老。"能以死威胁父母的孩子，恐怕将来难堪大任。

1. 了解老大的嫉妒心从何而来。可能有两种：（1）自卑，不敢与二宝分享父母的爱；（2）自私、骄横。作为父母，要了解孩子产生问题的根源，便可以对症下药。

2. 帮助老大学会分享。孩子的性格、行为养成需要父母引导。二宝出生前，父母就应该有意识地让大宝承担起应有的角色，比如，在与其他小朋友玩游戏时，能分享玩具，互帮互助。

3. 树立老大的自豪感。二宝出生后，父母应该多创造老大和老二独立相处的机会，并引导老大照顾和教育老二。当老大出色地完成任务时，父母要给予精神奖励，老大的自豪感就会油然而生。受到鼓励的老大，会愿意承担更多的责任，去照顾老二、保护老二。

4. 让老二学会尊重老大。孔融四岁的时候，正好是他祖父六十大寿，来客很多。有一盘香梨，母亲叫孔融把它分给众人。于是孔融就按长幼次序来分，每个人都得到了一份，可孔融给自己的是最小的。父亲问他："别人都分到大的，你自己却分到小的，为什么呢？"孔融答道："树有高低，人有老少，尊敬老人和长辈，是做人的道理！"孔融让梨的故事传诵至今，它告诉我们一个浅显的道理：尊重别人的人也能得到别人尊重。老二尊重老大，老大会更加爱护老二。

5. 父母不能在精神上"厚此薄彼"。老二岁数小，获得父母关注多、照顾多无法避免。但是父母不能因此忽略老大的感受，应该定期与老大沟通，了解老大的思想状况。有条件的话，可以让老大更多地参与到照顾老二的事务中，增强老大的家庭归属感。在两个孩子同时犯错误的情况下，父母更不能因为老二岁数小，就"优待"老二，只批评老大，这样只会增加老大的嫉妒心。

嫉妒是孩子成长过程中一个不容回避的问题，它并不可怕，关键在于如何战胜它。既然选择了生二胎，就一定要提前考虑到老大的心理感受，一旦出现类似的情况，不必惊慌失措，只要父母保持公平的心态，做到"一碗水端平"，两个孩子就会和谐相处，产生"1+1>2"的神奇效果。

（刘金刚）

别给我压力：拔苗不能助长

小学二年级的琦琦做姐姐了。妹妹的出生让琦琦特别开心，从妈妈怀孕的时候起，她就知道自己要成为姐姐了。她幻想着自己做姐姐的模样，她有好多好多事情想和妹妹一起去完成。她想喂妹妹吃饭，她想给妹妹穿衣，她想哄妹妹睡觉，她还想做妹妹的小老师，把每天在学校里学来的知识都教给妹妹。

妈妈特别支持琦琦的做法，她也无时无刻不在塑造着琦琦的"长姐风范"，让琦琦感受到作为姐姐的责任感。

但是最近，琦琦变了。

琦琦每周都要上一节钢琴课，每天晚上放学回家也要练习一小时的钢琴。在练习的时间段里，她偶尔会开个小差、偷个小懒——到客厅喝口水啦，去逗逗妹妹啦，发会儿呆啦……总之，琴声时断时续、弹弹歇歇。这时，妈妈就会对琦琦说："琦琦，你现在是姐姐啦，你要给妹妹做好榜样，不能总是偷懒，要抓紧时间好好练习，今天要加练 15 分钟。"这样的说法似乎很有效，琦琦一想到自己作为姐姐的责任感，就能再集中精力好好练习一会儿。

　　琦琦的学习成绩一直是班里的中上游，不是太好也不是太差，究其原因，老师和家长都觉得琦琦不是学不会，也不是没听懂，而是太马虎了。小考成绩出来了，琦琦又因为马虎、不认真，错了两道本可以做对的题目。妈妈又对琪琪说："琦琦，你现在是姐姐啦，你要给妹妹做好榜样的。你不是要做妹妹的老师吗？老师怎么能像你一样马虎呢？"这话让琦琦觉得自己没有做到一个好姐姐应该做的。

　　还有好多好多的事情，"给妹妹做个好榜样"这句话，让琦琦变得越来越听话，但也可以明显看出她变得敏感、沉默，不再像以前那样活泼和爱说话了。

家有俩宝，给老大树立起哥哥或姐姐的自信心和责任感很重要，这能让老大尽早找到自己在家中的定位，也利于两宝之间的相互认知。但在树立自信心和责任感的时候，也要注意态度和方法，千万不要让孩子感受到巨大的压力。

对于心智尚未成熟的儿童来说，承担过多的责任，会让孩子产生压迫感，造成心理压力。心理专家指出，很多容易被家长忽视的日常琐事都会对老大产生压力，比如吃饭、睡觉、起床、阅读，甚至玩游戏、看动画片等。过多的所谓"榜样"的暗示，会让老大，特别是那些心重的孩子产生不好的变化。

如果老大表现出负面情绪，例如生气、哭闹等，那都是他们在表达和释放自己的压力，家长如能及时发现并加以调整，平衡好老大的情绪，就可以将压力适当排解。但也有像案例中琦琦这样的孩子，他们并没有表现出明显的负面情绪，更不易被家长发现，这时就需要家长更加细心，观察孩子细微的变化，多与老大沟通，了解他们内心的想法，帮助老大排解心中的压力。

心理专家将孩子面对压力时的表现总结为以下几个方面：

★习惯改变：夜惊、浅眠、难入睡或睡眠过度、终日困倦。饮食习惯也有改变：食量骤减或过度饮食。

★身体不适：疲倦、头痛、肠胃不适、磨牙、心跳不规律、呼吸浅短、尿频、皮肤长疹等。经生理检查未发现有特殊原因，或原有疾病（如过敏）无故恶化。对于年幼的孩子来说，本来已经能控制大小便后，又频繁出现遗粪或遗尿的情形也可能属于压力问题。

★情绪变化：忧愁、紧张、易怒、易惊恐不安等。

★行为变化：退缩、攻击（肢体、口语）、经常哭泣、注意力不集中、干扰行为增加、强迫性行为（频繁咬手指、拔头发、洗手、敲头）等。

★思考特征：负向、固执而缺乏弹性、犹豫不安等。

所有这些表现，都为家长提供了参考。及时注意孩子，特别是刚成为哥哥姐姐的老大的变化，会有助于老大的心理健康。

有位亲子教育专家说过：孩子的压力一半以上来自父母，但父母往往不觉得。家有俩宝，父母对于孩子的关注度显得更加重要。

（齐宇）

小宝篇

谢谢你们的爱

这都是我的：破译小·宝的独占心理

姐姐我爱你：小·宝也懂手足情深

爸爸您多抱抱我：父亲角色很重要

我也很懂事：平稳度过"恐怖两岁"

我也在努力成长：引导小·宝的成长

姐姐等等我：陪小·宝一起慢慢长大

姐姐我会保护你：小·宝也有保护欲

我是跟屁虫：小·宝爱模仿

我以你为荣：小·宝对大宝的仰慕心理

这都是我的：破译小宝的独占心理

我们家的情况是，姐姐小白八岁的时候，妹妹小美才到来。姐姐比妹妹整整大八岁，从备孕、怀孕到妹妹出生，姐姐一直都是满怀期待，我们也足够相信，姐姐在"妹妹"这个问题上，已经做好了充分的准备。

即使是这样，可是当妹妹真正来到我们的生活中时，一些具体的矛盾还是会突然让我们措手不及。

姐姐小白在做"独生女"的八年中，在我们看来，她是如此的乖巧懂事，她也很早就知道了"分享"，而且毫不吝惜将"分享"做得很好。在妹妹到来之前，我们做父母的也开始有意无意跟小白提到"以后就要与妹妹分享了！""以后你要照顾妹妹。""你的玩具都可以保存下来，等妹妹大一点可以玩。"

可能是受这些语言的影响，小白小小年纪就开始去思考如何做好一个姐姐。可能在小白的心里，"姐姐"这个词，更多的是"担当"而不是"相互陪伴"。比如，小白在八岁的时候就自己偷偷看完了《崔玉涛谈母乳喂养》和《西尔斯亲密育儿百科》，认真地跟我讨论并鼓励我，要坚持给妹妹母乳喂养，甚至还纠正我哺乳过程中的不正确怀抱姿势。你们看，小白不仅一点没有觉得多一个妹妹是来与她争抢宠爱和资源的，反而是想主动地参与到妹妹的成长过程中。

但是这种温馨的场景也并没有持续太久。妹妹小美在一岁之后，逐渐有了"物权意识"，对玩具、食物的独占欲开始体现。

在小美一岁前后，我开始给她添加各种婴儿食品，包括一些婴儿饼干、零食、果汁等。婴儿食品自然就是给小美吃，所以小美知道指着盒子里的饼干说"小美的"，望着桌上的奶瓶说"小美的"，久而久之，在"物权"的诱导下，她似乎觉得什么都是"小美的"，以至于开始抢夺姐姐手上的水果，抢不到就大哭大闹。往往这个时候，粗心且被疲惫折磨后的我们，会不加思索地教训姐姐："小白，你给妹妹分享一点！"

　　小白作为姐姐呢，一次，可以分享，两次，也可以妥协，三次、四次就会开始不甘愿，五次、六次可能就要反抗了。

　　还好先生及时发现了我的问题，在两三次类似的情况出现之后，先生站出来正面协调。他首先指出我的问题："你为什么每一次都要让小白给小美'分享'？你这里的'分享'，并不是真正的分享，而是'你是姐姐，所以你要让着妹妹'的另一种表达方式。表面上是告诉两个孩子要'分享'，实际上，你现在的做法与你最鄙夷的那些做法有什么不一样吗？得到的效果都一样，就是让老大觉得自己的物权被瓜分了，甚至觉得父母对自己的关爱都转移了；同时，你让老二从小就有一种'因为我最小，所以你们都得让着我'的概念，你不认为这样不太好吗？"

　　听完先生一席话，放下手中的工作后细想、反思，我确实在犯自己最害怕犯的一种错误。其实我和大多数打算生或已经生二孩的妈妈一样，担心有了二宝之后，会对大宝的爱有所偏颇，所以，在我们决定要二孩之前，一定是做好了各方面的准备，无论是经济上的、精神上的，还是心态上的。我们跟自己和家人说，有了俩宝之后，我们做父母的享受着俩宝带来的幸福，同时，俩宝在家人的爱护、手足的相伴下，一定都会更快乐的！可是，事实上呢，我相信也有很大一部分的父母跟我一样，也会在不经意间犯过这样的错误，我们以为自己尽量做到了最好，在努力地让两个孩子感受到我们爱的天平没有失衡，所以我们在与孩子的交流中会刻意突出"分享"这样的字眼，而不是"应该"、"让着"，但"分享"不是一味的妥协，不是在委屈老大的基础上，去达到我们父母以为的"公平"。

先生是一个很理性的男人，面对这样的事情时，往往会站在家庭生活全局的角度来看待问题。先生在与我沟通之后，回到我们四人相处的场景，分别与两个女儿对话。先生对大女儿说："如果你认为你和妹妹现在拥有的都是平等的，那你可以不分享，因为这就是你的！不因为你是姐姐，就一定要无原则地让着妹妹。当然，如果你自己从心里觉得，愿意把你的东西与妹妹分享，或者你就是心甘情愿地愿意与妹妹共同拥有，甚至她拥有更多一点你也觉得高兴，那么你就可以按照你的想法去做。"

先生回过头来抱起一岁多的小女儿说："你看，你有自己的饼干，你和姐姐每人都有一份。你把自己的饼干吃完了，想要抢姐姐的可不行哟！家里所有的零食都是大家的，不是一个人的，不能抢别人的哟！"

往往这个时候，小女儿会咧嘴委屈一会，两三次之后，小美开始学会沟通，慢慢理解了"大家的"、"共同的"、"要分享"这些概念。

除了"物权意识"，我还想与大家分享一下关于孩子们对"情感依赖"的独占意识。这个在二孩家庭中，往往比对物质的争夺更应该引起父母的重视。

正如我们前面提到的，姐姐小白是一个非常懂事的孩子，从她五岁那年、我们开始备孕二孩开始，小白就对妹妹充满了期待。

所以，妹妹小美到来之后，姐姐小白马上就意识到——从此爸爸妈妈也是妹妹的爸爸妈妈了！

我在生完小美之后，辞职在家做起了全职妈妈，又是纯母乳喂养的关系，妹妹小美对我的依赖非常严重，觉得妈妈理所应当最爱她。在小美两岁之后，两姐妹基本上不会为物质而争夺，却经常把"这是我的妈妈"、"这也是我的妈妈"、"我比你先到，妈妈爱我多一些"这样的话挂在嘴边。

相较物质而言，情感的依赖对孩子是更大的心理需求。犹如我们在恋爱中一样，谁都会希望自己在爱与被爱中，获取到的"被爱"更多一些，尤其是孩子对父母关爱的索取。

即使姐姐小白已经做好心理准备，知道爸爸妈妈会把一部分的爱和精力转移到妹妹身上，但是随着时间的推移她也会感到失落：以前的每个周末，父母都会全身心地陪着自己去北京的每个游乐场、参加每一场孩子的聚会，而有了妹妹之后，周末的音乐会可能只有爸爸陪她去了，甚至偶尔的美术课后也只能跟着邻居孩子一起回来了……在我们眼里，或许这些都是生活中的一些琐事。我们不仅被工作困扰，也被有了两个孩子而变得更麻烦的生活困扰，所以有时候会理所当然地认为：这一次朋友的生日会妈妈不能陪你一起去，但你跟好朋友一起去一定也会玩得很开心的。

但是我们忽略了一点，姐姐小白也才不到十岁啊，她也同样需要父母的陪伴。久而久之，或许在她小小的、充满各种情感的内心世界里，会生出疑惑：爸爸妈妈是不是不再重视我了？爸爸妈妈是不是爱妹妹多一些了？

而妹妹小美呢？因为由我全职一个人带养，和我是 24 小时不分开的。即使在小美一岁时，我经历了差不多一年时间的创业过程。在此期间，我雇了一位保姆，而每天外出也是把保姆和小美带在身边。因此，妹妹小美对我的情感依赖更严重。小美会有一种与生俱来的认识——妈妈是我的！所以，小美在会表达情绪之后，容不得姐姐小白与我有太多的亲近。

姐姐小白经常会对我撒娇，比如双手缠着我的脖子，要妈妈亲亲抱抱。这些再普通不过的亲昵，在小美的眼里都是刺眼的。还在蹒跚学走路的小美，会三两步扑过来，要妈妈抱抱的同时，刻意推开姐姐小白；在小美学会说话之后，就会发脾气，与姐姐争吵："这是我的妈妈！"

在两个孩子的眼里与心里，妈妈比物质更重要——玩具可以礼让，零食可以不计较，但是"妈妈"是不能随随便便拱手相让的！

这个时候最可怕的是什么？不是两个孩子无休止的争辩，而是有一些做父母的，会顺着这个话势把矛盾往更严重的方向去引导——比如，一些父母可能会说"谁听话，妈妈就是谁的。"或者一些亲戚朋友会开玩笑说"妈妈是姐姐的咯！"——如果在我们小时候听到这样的话语，是不是会感觉到自己的头顶上方布满了乌云？那么作为家长，就千万不要对孩子说这样的话。

每个有二孩的家庭，都不可避免地会面对这样的情况。

或许，大孩子会问："妈妈，你爱谁多一些？你现在都不如以前那么爱我了！"

或许，小孩子会说："妈妈，你是我一个人的，我不要跟姐姐分享！"

这个时候，做父母的请一定要俯下身，给孩子一个大大的拥抱，并告诉他（她）："宝贝，妈妈对你和妹妹的爱是一样多的，并没有孰多孰少。妈妈是你们两个人共同的妈妈，就像你们两个都是爸爸妈妈最爱的宝贝一样！"

现在，快三岁的小美，早就不会再与姐姐在情感所属上争风吃醋了。甚至有一次，我们在电话里与姥姥视频时，姥姥开玩笑地跟小美说："你怎么这么黏你妈妈呀？妈妈是小白的吧？不是小美的吧？"小美听见后，并没有表现得过激，反而反过来告诉姥姥："妈妈是姐姐的妈妈，也是我的妈妈，妈妈是两个人的妈妈！但是，妈妈不是沐子的妈妈！"——沐子，是我们家养的一只猫。

随后，我也在私下告诉了我的父母，请他们不要再与孩子开类似的玩笑，在孩子们的认知里形成"分享"、"共同拥有"的概念并不是一朝一夕的事情，要解除孩子意识里"这都是我的"的概念，还需要家人的共同努力。

（炊炊烟烟）

姐姐我爱你：小宝也懂手足情深

手足情，也许是这个世界上最特殊的一种感情吧。

我家的每个清晨都是最忙碌的时光。闹铃会在六点准时响起，我在蹑手蹑脚中起床，给全家做早饭、照顾姐姐小白起床洗漱，再把妹妹小美从被子里抓起来，穿好吃好，我们需要赶在 7 点前出门，两姐妹坐在后排的安全座椅上，我开着车，带小美一起送小白去学校。小美再跟我回家，或去超市买菜，或去公园里转转。

很多邻居会问我："这么早，你把妹妹折腾出门干什么呀？"

有些邻居更会为我抱不平："你也真是辛苦啊，没人帮忙还要拖着两个娃！这一大早上的……"

其实他们哪里知道，是妹妹每天早上会在六点半准时醒来，因为她知道每天这个时候都要和我一起送姐姐去学校：一起出发、并排坐在后排坐椅上，或是和姐姐一起唱着不着调的儿歌，或是和姐姐一起分享一块早餐面包，或是听姐姐聊起学校里有趣的同学。与姐姐同行的路上，是两个孩子安静地交流情感的旅程。

姐姐小白是爱着妹妹的，这一点我们大家都知道，从一开始就知道。妹妹五个月的生日，姐姐在家中，自谋自划了一场生日会；妹妹六个月的生日，姐姐邀请她的同班同学给妹妹制作了手工生日卡片；妹妹成长的每一个月份，姐姐都记得一清二楚，每个月的 26 号，总会有小惊喜带给妹妹——这就是爱心满满的亲姐姐！

妹妹小美也是爱着姐姐的，只是她太小，还不会用言语表达。

一次去邻居依依家玩耍，依依妈妈拿出草莓招待大家。我们家的小美啊，就是一个小吃货，面对美食从来不客气，大大方方地往自己嘴里送。临走前，还往自己的棉袄口袋里放了两颗。我为小美的失礼感到不好意思，连连跟依依妈妈道歉。

回家的路上，我跟小美谈起今天的表现，告诉她，妈妈觉得这样做有点不好，到别人家作客，应该多点矜持，多点礼貌。说完这些，我又特别寻问了一下："为什么你走的时候还要抓两颗草莓放在自己的口袋里呢？"

小美沉默不语，小手揣在口袋里，抓得紧紧的，好像生怕我让她把草莓再还回去。我知道这个时候不能再纠缠于这件事，如果孩子做得不够好，我们做父母的首先要反省自己，是不是在这个问题上，我们自身就做得不好，或者，我们没有给孩子传递更正面的信息？我们不应该一味地揪着孩子的一点失误或不完美，一直强调、一直逼问。

小美不想回答，我也就暂时不再追问。

回到家中，小美把已经被她攥在手心中挤破出汁的两颗草莓取出，跟我要了一个小碗，将草莓放入，用她那稚嫩的声音说："草莓给姐姐。"

我相信，养过孩子的父母大多都会经历过类似的情景吧！当你从幼儿园把孩子接回家时，孩子从衣服口袋里抓出一团米饭或一个饺子，告诉你："这是今天幼儿园的午餐，我觉得很好吃，我想带回家给爸爸妈妈吃。"

这就是我们的孩子，最纯真可爱的宝贝。他们的语言还不足以表达他们的感情，但是他们会毫不掩饰地用行动来表达他们的爱。

妹妹小美的两颗草莓，虽然已经被捏得无法再入口，甚至染红了一件新棉袄，但当我了解了她的心意之后，又怎么会再去责怪她呢？这样的举动发生在两岁多的小孩身上，我们更要把这个事件最正面的闪光点放大，积极地鼓励她、肯定她、赞扬她，让她也能感到，爱一个人是需要正面表达的，爱不需要掩饰。

姐姐小白六岁的时候，我曾为一年级的小白和她的同班同学做过一次演讲，主题就是《爱要大声说出来》。在我看来，人与人的相处，直接的情感表达是最有效的沟通方式，同时也是让自己在家庭中、集体中、社会中收获更多尊重、增强自己幸福感的一种方式。

妹妹小美因为两颗草莓，得到了肯定，同时，我们在沟通的过程中也要让小美明白，并不是因为拿了两颗草莓，妈妈就觉得你做得很好，而是因为你在自己拥有美好事物的那一刻，你心里还装着姐姐，你对姐姐的爱是值得被赞扬的，你对姐姐的最直接的情感表达非常好，你做得非常棒。

这件事并不能在妹妹小美获得肯定之后嘎然而止。在姐姐小白回到家中之后，我会再将这件事给小白原原本本地转述一次，引导小白去体会并接受妹妹对她的爱。

家有俩宝，这样的琐事还很多，只要留意观察，我们会发现在父母与孩子之间、兄弟姐妹之间，都有源于家庭的最真挚的感情大戏时刻上演。好比上文中提到的一件小事，如果一开始姐姐小白对于妹妹的到来给生活带来的变化感到不适应，或者质疑过原本自己独享的感情是否被妹妹剥夺了一半，那么当我们做父母的观察到妹妹身上的一些闪光点后，一定要将其扩大，同时还能让姐姐明白——原来爸爸妈妈对我的关爱并没有减少，同时，我还拥有了妹妹对我的爱。

（炊炊烟烟）

41

爸爸您多抱抱我：父亲角色很重要

在生老二之前我们家的基础分工是：我和先生都是上班族，公公婆婆从老家来到北京与我们同住，帮我们照顾小白。那个时候，基本每个周末都有两天，或至少一天的全部时间可以陪陪小白。即使是这样，我们还是觉得不太够，也总是遗憾错过了小白的成长过程。所以在决定要老二之后，我们也重新规划了家庭分工。我辞职在家全职负责两个孩子的一切，先生则更加努力地工作赚钱养家——普通人的生活，总是脱离不了金钱的俗气。

老二小美的语言天赋惊人，几个月就开始说话，一岁左右就能大段大段背诗词。小美七个多月的时候，开始有意识地叫人，叫的第一个人就是"爸爸"。

那个时候，先生几乎每个月有一半的时间在外出差，有时候一走就是半个月见不着人影。有一天早上，小美突然伸出双臂示意爸爸抱抱，小嘴里嘟嘟囔囔地喊着"爸爸，爸爸！"后来，每每提起那个早上的情景，先生都会说："我的心都要融化了"。

俩宝妈妈一边享受着俩宝带来的加倍幸福，一边承担着比别人更多的体力、精力消耗，甚至因为俩宝占据过多的时间而与先生温情渐逝。我身边的不少朋友都要了二孩，一开始，大家也都是揣着"一个孩子也是养，两个孩子也是养"的心态，调侃着"一个孩子照书养，两个孩子照猪养"，暗暗觉得自己已经有经验了，一切困难都不在话下。可是当真正面对俩宝生活的点点滴滴时，还真是各有各的不容易。

我有一个朋友，俩宝之间的年龄相差一岁半，老大才几个月大时就开始备孕二宝。想的就是两个孩子一起就拉扯大了。孰不知，刚怀上二宝不久，老公就因公司处于创业阶段，大量的精力都放在了工作上而不能好好地照顾她——这里我们不提物质上的照顾，我们更重视的是精神上的照顾——朋友在整个孕期中，最开心的时刻就是与我们几个姐妹的聚会。二宝出生的那一天，她的老公居然也只是匆匆出现了一下，又赶回公司继续加班。

后来，得知我们另外一个朋友也打算要老二时，我的这位朋友一脸真诚地告诉她："如果你已经怀孕了，那么，我恭喜你！如果你只是计划怀孕，那么，我劝你认真考虑一下，两个孩子的生活与一个孩子的生活完全不一样，特别是两个孩子的年龄挨得太近。"

在大多数人的传统观念里，男人就理所当然承担起更多关乎家庭生计的责任，作为妻子，我们应该理解与感谢先生为这个家的付出，不仅自己要理解，同时还要给孩子们传递正能量——爸爸很爱这个家，很爱妈妈，很爱你们，只是爸爸也需要外出工作，爸爸努力地工作，是为了让我们这个家过得更幸福。

俩宝妈妈很幸福也很辛苦，其实换位到爸爸身上也是一样，俩宝爸爸很幸福但压力也会更大。我们不是要给孩子们传递"爸爸工作赚钱还不是为了你们"这种片面的观点，我们应该告诉孩子，社会分工、人生的不同阶段等因素，决定了每个人都要去承担不同的责任，去完成每个阶段你需要去完成的事情；更不要在孩子面前抱怨自己在家中是如何如何的劳累，先生却整天不露踪影。这不仅在孩子与父亲之间起到了"离间"的效果，还会对孩子成年后自己的择偶和家庭幸福有很大的影响，父母即是榜样，你如何做，孩子就如何学，所以，在我们的日常生活中，要尽可能地给孩子传递正面的信息。

写给我们做爸爸的人——

即使你不能在每个夜幕降临前赶回家中，也要记得在孩子的床头给他（她）一个浅浅的吻。

即使你不能亲历孩子的每一步成长，也要记得每天给他（她）一个大大的拥抱。

（炊炊烟烟）

我也很懂事：平稳度过"恐怖两岁"

养过小孩的父母也许大多都听过恐怖两岁（terrible two）的说法，指的是小孩在两岁左右会出现一个叛逆期，对任何事情都说"不"，父母能感觉到的，除了我们的孩子不再像襁褓中那么乖巧听话之外，还会出现与其他小朋友发生正面冲突以至情绪失控的情况。我们首先要认识到，这是小孩成长过程中的一个正常发展阶段，很多父母会埋怨："这孩子真倔！这坏脾气随了谁？""你看看邻居家的依依多听话！"——请不要直接否定我们的孩子，尤其是不要当着孩子的面直接把自己内心的不满情绪表达出来。所谓"恐怖两岁"是根据我们成年人的体会而给出的名词，其实在两岁孩子的心中，这是一种成长的表现。我们的孩子，从呱呱坠地开始，到怀抱中成长，由一个无自主认识的小婴儿，成长为一个开始独立思考、敢于大胆探索未知世界的独立个体，我们的孩子第一次对"独立"有了初浅的意识，他们意识到自己不再是依附于某个人的依附体，但他们还没有足够的语言储备来表达自己，所以只能用反叛、反抗的方式向大人表达他们的思想。

所以，在弄清了小孩在两岁时的心理发展特征后，父母就要学会与两岁的孩子做正面的沟通。

　　家中有俩宝，这种情况可能就更突出一些。比如，在妹妹小美进入到恐怖两岁的阶段后，几乎每天在家中我都能听见姐姐小白抓狂抱怨、委屈大哭的声音。不外乎就是：姐姐在做作业，妹妹冲上去把姐姐的笔扔了；姐姐在整理书包，妹妹偷偷藏一堆垃圾在姐姐包里；姐姐正在与妈妈分享今天同学送她的生日卡片，妹妹不动声色地走过去一把抢过卡片，然后撕坏了……这些小故事每天都在我家反复上演。而故事发生了，就必然有后续，往往是伴随着不满情绪，姐姐开始向妹妹发出警告，而妹妹则会进行"无畏"的反抗——我就要你的书！我不！不好！——剧情发展得严重一点，就是两姐妹开始你一拳我一巴掌地打下去，最后两人都开始大哭着找妈妈。

　　姐姐会跟妈妈抱怨，妹妹不懂事、不听话。是的，在我们看来，妹妹确实是有些霸道了。如果我和先生同时在家，我们会在第一时间隔离两姐妹，先生领着姐姐到一个房间，我领着妹妹到另一个房间。然后分别开始询问事件起因、经过，我们不会在第一时间对孩子们的暴力行为做评价，因为我们要弄清谁是谁非——对待我们的每一个孩子，做父母的都要公平，不能因为谁小就偏袒谁；在孩子性别不同的家庭里，要注意不能因为性别问题而偏向某个孩子。

　　姐姐也是从叛逆的两岁走过来的，现在成长到十岁，她已经能辨别是非、控制自己的情绪。这个时候，我们先要给姐姐讲清楚一个道理——妹妹这么做，可能是希望得到姐姐的关注，因为妹妹很爱很爱你，妹妹希望得到你的陪伴，当你独自关在房间里完成作业的时候，妹妹潜意识里认为自己遭到了冷落，但她现在又不能够很正面地表达她对你的爱和依赖，所以只能通过反叛的行为来引起你的关注，以获得你的爱抚。

对于这个阶段的妹妹，我们开始尝试给她讲道理，但是不奢望每一次讲道理她都能听得进去，毕竟，她还只是一个刚刚有独立意识的小孩子啊！现在，大部分家长都不会再沿用"棒棍底下出孝子"的理论，都能做到与孩子的平等对话、晓之以情，但是，一些家长却不够有耐心，去等待孩子一点一点地领悟、改变，总是在两三次的摆事实、讲道理，但改观不明显之后就开始质疑方法，甚至埋怨自己的孩子不听话、不懂事。事实上，每个孩子都有自己的个性，完全按照书本教养孩子是行不通的，更不能一味地对比别人家的孩子如何如何，只要她在认真听取，就值得我们去褒奖她的每一个进步。

在找到分别协调姐妹俩的方法之后，我和姐姐小白又一起认真地研究了"罚站＋冷静"法（time out）来对付妹妹每一次的"无理取闹"——让孩子回自己房间静一静，或者让她对着一堵墙好好反思一下，这种方法在国外被称为 time out。

这一招对小美非常有效。另外，让人深感意外的是，如果是姐姐小白发出的这个指令，妹妹言听必从。我想，这正是我们之前沟通工作的成效吧！在每一次俩宝发生矛盾后，我们都坚持耐心地与妹妹沟通，她能在自己的独立意识中去感悟，去正面思考自己的错误，而不是强硬地否决与反抗。

记得有一次，妹妹因为要吃一支冰棍而得不到满足，情急之下抬手就将小拳头砸向我。在我们家中，任何动手打父母、打姐姐的行为都是不允许的——哪怕只是开玩笑——对人尊重是最基本的礼貌，没有"玩笑"一说。所以当妹妹小美伸手打我，姐姐小白是第一个站出来制止的。姐姐首先指出妹妹不应该动手打妈妈，然后让她自己 time out 去。妹妹小美一听到 time out 这个词，就意识到自己可能做错了，马上就找到一块墙角面壁去了。你们看，妹妹其实是很懂事的，她并不是顽皮的小恶魔，她的叛逆只是她成长的一个标识，她在叛逆中证明自己，以获得她所期望的被重视、被关注。

Time out 只是一个方式，对于我们家的两个孩子都很好用，也有不少妈妈跟我交流，自己家的小孩完全不可能安静地面壁五分钟！其实，适合自己的教育模式才是最好的，生搬硬套别人的方式不见得适合自己。只要相信我们的孩子是懂事的、我们自己也可以做到足够有耐心去等待孩子的成长，同时找到适合自己的教育方式就好。

（炊炊烟烟）

我也在努力成长：引导小宝的成长

妹妹小美就是姐姐小白的小跟屁虫。有俩宝的家庭可能都与我有同样的体会——姐姐有什么，妹妹就一定要有什么；姐姐做什么，妹妹就一定要学着做什么。

姐姐小白毕竟也是个孩子，尽管她已经做得很好了。在与妹妹的相处之中，免不了在妹妹缠着姐姐、想参与姐姐的日常事务时，会有不太情愿的时候，用姐姐的说法就是——妹妹又来捣乱了！

如果是独生子女的家庭，也许就不会有这种情况——孩子可以安静地看书，可以享受地画画，可以优雅地弹一支曲子。但是，多了一个小跟屁虫的现状却是——姐姐看书，妹妹会冲上去抢；姐姐画画，妹妹会拿起画笔涂满整面墙；姐姐弹琴，妹妹就在琴键的另一端制造噪音。

是的，我们会在姐姐学习的时候，将妹妹暂时隔离在另一个房间。但是我们不能在日常娱乐时也剥夺姐妹俩的情感交流。所以，在不影响姐姐正常学习的情况下，我们会鼓励两个孩子在一起玩耍。

　　每次被妹妹的"破坏"而影响时，姐姐都会生气地大喊："小美！不可以这样！""小美！快离开我的房间！"

　　另外，姐姐已经十岁了，她已经有了"隐私"的概念。十岁的姐姐开始有成年人的一部分思维，她开始介意别人碰她的东西。而在这一点上，我们成年人并没有做到最好。我们家有一个白班保姆，平时白天我做点自己的事，妹妹小美就由保姆领着玩耍一下。妹妹对姐姐的房间、姐姐书桌上的玩意儿充满了兴趣，偶尔保姆阿姨会带着妹妹进入姐姐的房间、玩姐姐的物品。结果就是，姐姐回家后看到自己的私人物品被动过而不高兴。

　　这时我们首先需要让妹妹给姐姐道歉，让妹妹知道，随意动他人的物品是不好的行为。但是，妹妹在这个时候也会很委屈，在她的头脑中会产生疑问：为什么姐姐可以独立拥有自己的东西？为什么我碰了会被家长批评？我也只是想和姐姐一样，我也是在学习！

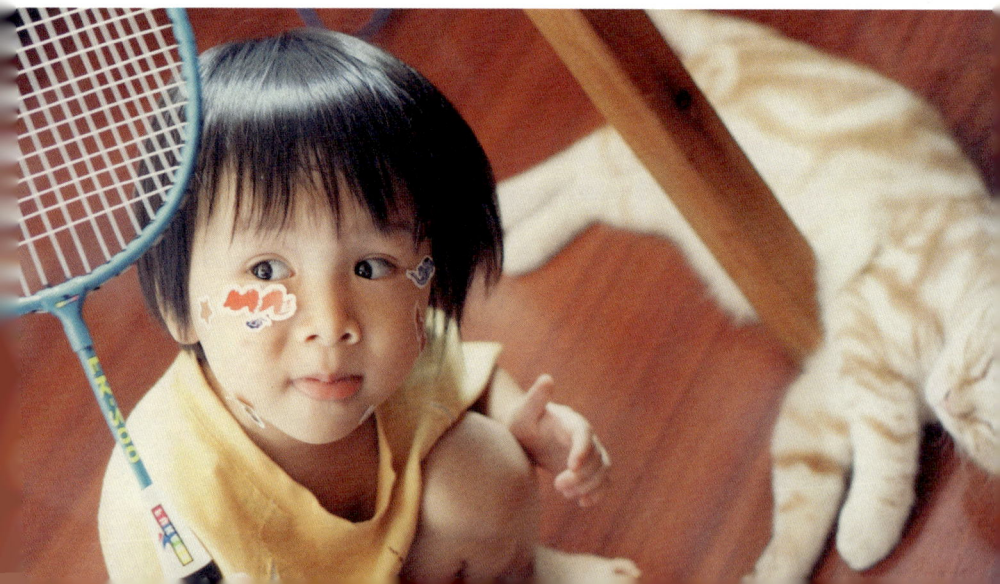

接下来我会希望，姐姐小白能够真心诚意地接受妹妹的道歉——这也并不容易，因为姐姐还在气头上呢！姐姐嘴上说着"我接受"，但不高兴都写在脸上呢！我为什么会用言语来要求姐姐小白，从她嘴里说出："我接受你的歉意""好的，我原谅你，请你下次不要再这样做。"因为我觉得，无论是什么样的情感，都需要直接地表达出来，让对方了解你的真实想法，同时也让自己的情绪得到最直接的释放，能说出来是一种舒缓，是一种心理暗示，尤其是要鼓励孩子敢于表达自己的情感。回到前面提到的，也许姐姐小白在一开始并不能心甘情愿地接受妹妹的道歉，这个时候就需要父母与姐姐再次沟通了。

我们要让姐姐了解到，妹妹对她的物品和她的生活感兴趣，是基于对姐姐的崇拜，姐姐所做的一切，都是她的榜样，是她希望自己能达到的目标。只是她还太小，一笔一划都略显笨拙，本想让画本上呈现一只小鸟，可描出的却是杂乱如麻的一团线条，甚至还会把整洁的桌面弄上彩色颜料。但是，请姐姐与我们一起去看到妹妹的努力，她在努力地让自己达到她心中的目标，与她心中的榜样一样优秀。

拥有两个孩子的父母就得这样，不仅要在生活上给他们平等充实的照顾，在精神和情感上，也要不断地调整天平，两个孩子同样出色，两个孩子都需要被理解、被关爱。

（炊炊烟烟）

姐姐等等我：陪小宝一起慢慢长大

刚认识的人，在得知我有俩宝，并且俩宝的年龄相差还较大时，几乎都发出一个感叹——这样真好，姐姐就不用你操心了，姐姐还能帮忙照顾妹妹吧？

我从来没觉得老大是不需要"操心"的，孩子终究是孩子，成长在不同的阶段，家长要给予的关注点是不一样的。不会因为她不再吃奶家长了就可以放手了，不会因为她上小学了家长就觉得一切都可以轻松了。所以，我也在与朋友的交流中问过她们：你们是否做好了充分的体力储备——除了经济上的支出，养两娃也真的是一件非常消耗体力的活儿。对于姐姐，马上面临小升初、马上进入青春期，除了吃喝拉撒，其实还有更多需要我们去关注的地方，所以，千万不要抱着"一只羊也是养，两只羊也是放"的幻想去养孩子，你付出多少，孩子就会同比收获多少。

但是，两个孩子的家庭会有一个很特别的有趣点。比如在我家，对妹妹的启蒙教育方面，相对姐姐小的时候其实是更轻松和简单了。妹妹会以姐姐为榜样，非常主动地想要模仿姐姐，有时候甚至认为姐姐才是权威。

一个小小的细节是：妹妹不喜欢扎辫子，喜欢散着头发到处疯，每次给她扎上小辫子，两秒就会揪下来。但是，看到姐姐扎上精神利落的马尾辫时，妹妹马上就按耐不住了，吵着要跟姐姐扎一样的辫子。只要是姐姐给妹妹扎小辫，妹妹一定是非常听话的。比起在妈妈面前的任性撒娇发脾气，妹妹在姐姐面前真是一个小天使啊！如果姐姐上学去了，换着我给妹妹扎小辫，妹妹甚至连扎辫子的手法和步骤都会要求我使用和姐姐一样的方法——姐姐就是偶像，所以在妹妹的认识里，一切都要向姐姐学习。

你们看，有了这一点为前提，我们对妹妹在很多方面的引导就变得容易多了。我们不会刻意教她唐诗宋词，只是姐姐在复习的过程中，会大声朗读，妹妹自然会在一旁"偷听"；我们也没有教她跳舞唱歌，只是姐姐上芭蕾课时，妹妹会趴在窗户上努力模仿。妹妹只是想能和姐姐一样优秀——至少在她的眼里，姐姐就是最优秀的——所以，在这个时候就更要处理好两个孩子之间的情感。或许在被妹妹模仿的过程中，姐姐也不能完

全接受，谁都希望自己是独一无二的，姐姐甚至会嘲笑妹妹的幼稚和笨拙，我们要告诉姐姐，妹妹只是想与她共同成长，而她，正好是妹妹最好的榜样。

我们做父母的，除了要鼓励妹妹的每一点进步，也要与姐姐做好充分的沟通，感谢她对这个小家伙的接纳，赞扬她帮助我们照顾妹妹。两个孩子的共同生活过程，确实需要父母付出更多的思考，周全照顾到每一个孩子的心理。

——姐姐等等我，妹妹也想与你一样努力，只是我现在还太小，我还不够优秀，有一天我也会跟你一样自信、夺目！

（炊炊烟烟）

姐姐我会保护你：小宝也有保护欲

　　我的两个孩子都是慢热型，特别是在外面的时候，总是很羞涩地需要一段时间才能融入陌生环境中。夏天的每个傍晚，我都会带着两个孩子在花园里散步。

　　有一次，姐姐小白在花园里遇见了她的同学，两人开始追逐嬉戏。妹妹小美哪见过这架势，只以为有人要欺负自己的姐姐，立马着急地大哭起来，还扑腾过去想帮忙！小美一边眼泪"啪啦啪啦"往外涌，嘴里还一边含糊不清地嚷着："那是我的姐姐，那是我的姐姐！"

　　说实在的，这个突如其来的反应确实让我很感动。血脉相连的亲情就是与生俱来的吧，无论怎么也割不断的。

　　偶尔姐姐也有淘气的时候，惹得我生气。有几次我在严厉地教育姐姐，表情可能太严肃了，妹妹在一旁安静地听着，委屈地陪着姐姐一起默默抹眼泪。

　　相信很多家长都经历过与我类似的情况。这个时候家长们都不会吝惜褒奖，夸赞我们的孩子懂事，会保护自己的家人。其实，这是孩子的自我保护意识与主动保护意识的形成初期，同时也是物权意识的一种延伸。保护除了是一种本能，是一种维持生命不可缺少的自觉行为外，更是已经转化成了一种精神和思维。

妹妹对姐姐的情感升华，从一开始的依赖，到逐渐的崇拜，再到主动去保护。反过来我们也会注意到，姐姐对妹妹的情感，从一开始单纯地认为只是多了一个玩伴，到明白妹妹与其他的玩伴不一样，因为妹妹是她专属的有血脉关系的亲人，所以她处处都会护着自己的妹妹。

单独开放二孩的政策刚推出时，我曾在网络上的一个论坛里看到

部分父母的讨论，观点也很有意思。因为我们通常讨论要不要二孩的时候，很多父母都会觉得，因为我们这 80 后的一代，大多数都是独生子女，我们的童年非常孤单，所以不愿意让我们的孩子也同样孤单，所以我们的家庭需要两个孩子。也有一部分的独生子女父母发表观点：我们才不孤单呢，我们的童年很完整，我们也没觉得自己有哪方面的性格缺陷，一个孩子有什么不好？

你们看，即使有全面放开二孩的政策，也不见得所有人都会追捧着要二孩，每对夫妻都有自己的规划，人与人、家与家都是不一样的，罗素说过："须知参差多态，乃是幸福本源，我们过着自己满意的生活，更要尊重别人不一样的生活。"

在妹妹刚出生不久时，我需要做 24 小时待命的"奶牛"，每天早上送姐姐小白上学的任务就交接给了先生。姐姐小白其实非常享受我与她上学同行的一路，可以与我分享学校里有趣的事，和她冷不丁地冒出的对生活的疑惑。但是，她与爸爸的交流并没有那么随意，这可能就是女人与女人之间的对话吧！所以，在我不能送小白上学的那段时间，她曾问过我："妈妈，你是不是不如以前那么爱我了？你现在整天只想着照顾妹妹了。"

我是这样回答她的："爸爸妈妈和以前一样爱你，并没有更爱妹妹，对你和妹妹的爱都是平等的！而且，其实你得到的更多呢，你想想，前八年，你独享爸爸妈妈对你的爱，这是妹妹不曾享受过的呀！妹妹现在太小，需要我的照顾，所以我们家需要做一些分工调整，只是分工调整而已，对你的爱没有任何改变。"

与姐姐小白做过几次类似的沟通后，她就再也没有质疑过自己的地位了。在这个暑假，十岁的姐姐小白独自一个人照顾两岁的妹妹睡午觉、洗澡、刷牙，妹妹每天都不重样的有趣发型也出自姐姐的手。十岁的姐姐能做到这些，还真是让我有些意外。与此同时，妹妹小美对姐姐的依赖和爱也在逐渐升温。人与人之间的情感和给予都是相互的，即使她们还只是孩子。姐姐小白在自己为妹妹做一些事情的同时，也收获了妹妹对她的信赖和关爱，所以在妹妹的自我思维形成过程中，才会有向姐姐主动发出的保护行为和所属意识。

所以，姐姐，你无需有所担心，妹妹也会保护你！

（炊炊烟烟）

我是跟屁虫：小宝爱模仿

　　小孩子都喜欢与比自己大的孩子一起玩，在我们家也一样。如果姐姐的同学来我家做客，妹妹小美是最高兴的了！总是屁颠颠地跟在哥哥姐姐后面一直追，也不去管他们讨论的话题她是否能参与。

　　小孩子为什么都喜欢与大孩子玩呢？首先，孩子在交往过程中，能学到很多不了解的东西，这是好奇心驱使；第二，是有安全感，在与大孩子交往的过程中，较小的孩子一般能得到帮助和保护；第三，这也是孩子在成长过程中最正常的依附心理。

　　妹妹每天缠着姐姐，我也可以偷个小懒，难得放松片刻。大多数时候，两个孩子都能和平相处，姐姐带着妹妹做手工、包饺子，有时候涂涂画画。反正姐姐做的一切，妹妹都很羡慕、认真地参与。妹妹视姐姐为心中偶像，姐姐的力量、智慧、作派和能说会道常常会让妹妹惊羡不已，并力图效仿。当然了，姐姐也有不耐烦的时候，或者有自己小情绪的时候，这个时候我们不应该武断地指责姐姐："你是姐姐，你带着妹妹玩一会儿！"或"你不可以这样对待妹妹，妹妹也只是想要你陪陪。"首先，我们要让妹妹学会尊重他人，妹妹希望能从姐姐身上学到东西，乐于做一个小跟班，但是，那是在不影响姐姐正常生活的前提下。接下来我们要帮助妹妹理解，如果无理闹的纠缠已经让姐姐产生了不愉快的情绪，那就建议妹妹先与家中的其他成员玩一会儿，或者可以自己看看绘本，姐姐有自己的独立生活，并不是你一个人的专属。反过来，等到姐姐情绪平复之后，我们也需要向姐姐传递这样的信息——因为你身上有很多出色的地方，妹妹跟着你获取了智慧以及宽容、让步等技巧，妹妹身体的灵敏度和协调性明显加强了，语言和社交水平提高了，你真是做得太棒了！

这就是两个孩子日常在家中的"跟班"状态。有时我们也会到室外逛逛，或者姐姐的同学会来我家玩耍打闹。避免不了的，妹妹也会疯闹着跟随其后。在与哥哥姐姐们的游戏过程中，妹妹并不总是受到大孩子的欢迎。作为跟班的游戏成员，由于妹妹腿脚尚没有大孩子那样坚强有力，动作尚没有大孩子灵活，难免有磕磕碰碰；另外，由于妹妹不到三岁的小脑袋远不如大孩子灵光，在激烈的游戏中往往也只能甘拜下风，或充当象征性的陪客之类的角色。即使是这样，只要哥哥姐姐们欢迎她加入队伍，或仅仅只是容许她跟他们待在一起，妹妹也会受宠若惊地跟这群大孩子们泡在一起，有时受点排挤、遭点欺负也在所不惜，这就是我们在前面提到的依附心理。如果我们的孩子来到一个新的环境中，或者认识一个新的大朋友，我们成年人应该多留意一下：孩子和哥哥姐姐们一起游戏时能和平相处，我们要及时给予所有的孩子充分的肯定；如果孩子并不能很好地融入其中，哥哥姐姐们也没有多大心思照顾到孩子，孩子只能望而兴叹，这也无伤大雅，就让孩子做一个小跟班，观察大孩子们的行为动作，她也会从模仿中学习成长；但如果感受到一些大孩子传递出来的轻视和敌意，家长就需要及时出面制止。

　　妹妹除了每天缠着姐姐玩耍，还有一个特殊的"跟班"嗜好，就是每天坚持接送姐姐上下学。对姐姐上学这个行为她羡慕得不得了，所以在妹妹的幼儿园过渡期，我们也并不太担心，从"跟班"姐姐上下学开始，妹妹就有了初步的"上学"的概念，每天会由妈妈送去幼儿园，然后做短暂的分离，之后再由妈妈接回家中。在我看来，这是一个很不错的现象，从"跟班"姐姐中，她认识到"规则"的存在，我们开始给她传递"人生的不同阶段应该做此阶段相应的事情"这种概念，比如何时开始独立睡在自己的房间，比如上学过程中不可以带零食和玩具，比如上学除了学习，还可以很快乐地玩耍，有朋友作伴。

（炊炊烟烟）

我以你为荣：小宝对大宝的仰慕心理

国庆节小长假，姐姐小白去外省参加一个国际舞的全国大赛，我们一家驱车陪伴。三天激烈角逐，最终抱回来一等奖的奖杯。

其实我的两个孩子都没有报过任何早教班，姐姐在幼儿时期，白天跟着爷爷奶奶四处玩耍，晚上我接班讲绘本、教唱歌、学认字；妹妹就更是与我 24 小时贴身，唱歌跳舞只能从姐姐身上学。

姐姐从很小就开始学习画画、舞蹈，到现在小有成就；两年前又增加了羽毛球和古筝两个爱好；在学校里的大小型活动中也担任主持人，偶尔还客串个广告片之类的。在邻居眼里，姐姐小白已经近乎于完美了。

我们对孩子并没有强硬的要求，任何一个兴趣班、特长班都是基于孩子自身的兴趣。小白在升入小学六年级之后，我们也考虑过给她减少一些项目，不过经过她自己的掂量又哪一项也割舍不下。所以你们看，养两个孩子确实是一件很费体力的事！

我们每周带着妹妹陪伴姐姐参加各类课程，也参加各种比赛。耳濡目染，两岁多的妹妹也开始与我讨论，自己长大后是学拉丁舞，还是学芭蕾。

每个孩子都有自己的闪光点，当孩子是独生子女时，她身上的闪光点很容易被发现，被放大，被传播；当一个家庭拥有两个孩子时，孩子们往往会被拿来做比较，比较的结果可能是将不足放大了，因为我们做父母的，往往都求成心切，希望看到我们的孩子能足够优秀，或者在自己的社交圈里成为最优秀的那个孩子，所以才会心急地拿自己的孩子与别人的孩子做比较，或是拿自己的两个孩子做比较。

我的一些邻居也曾问过我："你的大女儿如此优秀，会不会给小女儿带去很多压力？她要付出多少努力，才能追赶上姐姐？"

妹妹小美或许现在还不能明白，但我想我还是会告诉她——你和姐姐一样，总有自己出色的地方，妈妈愿意帮助你找到你自己的闪光点；你也许会在舞蹈方面比姐姐更优秀，你也许会在运动方面更有天赋，你也许对每一项活动都没有兴趣，你也许在成长过程中感到凡事都平淡无奇，那又如何呢？你依然是你，爸爸妈妈同样深爱的那个宝贝。

无论我们的家庭有几个孩子，无论哪个孩子在哪个方面表现突出，请一定不要去比较我们的孩子！过份地强调谁比谁更好，谁应该向谁学习，不但不能起到正面的引导作用，反而会给孩子带去自卑、叛逆的情绪。我们应该告诉孩子 —— 姐姐这在方面很出色，姐姐是我们的骄傲！同样，妹妹在另一方面也很棒，我们也以妹妹为豪。

让孩子能用平常心接受自己与他人，能学会毫不吝惜地夸赞他人，给予孩子成长过程中一个无争的环境，情感至上、淡薄名利，从小学会去感受和追求内心的平静与精神满足，是家长能为孩子做的最好的事。

在姐姐小白八岁生日的时候，我给小白写过一张卡片：我亲爱的女儿，妈妈希望你做一个诚实的人，一个善良的人，一个勇敢的人，一个平凡但不平庸的人，每一天都能感受到幸福围绕。

我的一个朋友对我说："其实平庸也没有什么不好！平庸的人可能自我幸福感会更高。"

如今面对两个孩子，我也在调整心态跟她们一起成长领悟，不刻意追求名利，做最简单的自己。你若平凡，我陪你成长；你若出色，我为你骄傲。

（炊炊烟烟）

对你们的爱，永远不变

平衡对两个孩子的爱

朋友佳妮，是位"资深"的二孩妈妈，儿子上高中，女儿也上小学了。平时经常听她讲兄妹俩相处中的趣事，感觉她家的两个孩子非常融洽，几乎没有传说中的那些"争风吃醋"的情况，把我们这些成天被老大老二的"战争"搅得头晕脑胀的新手二孩妈妈羡慕得够呛。可是经过了解才知道，原来她也是从"战争"的硝烟中一点一点走出来的。

佳妮生小女儿暖暖的时候，儿子小飞8岁，虽然怀老二之前已经和小飞开诚布公地讨论过，小飞通情达理地接受了"爸爸妈妈要再生一个孩子"这件事，而且小妹妹真的出生之后，小飞也是各种喜欢各种亲。但是随着妹妹的长大，兄妹俩的"战斗"还是逐渐拉开了大幕。

暖暖1岁多以后，开始追着哥哥满地跑了。与此同时，她开始显现出"小霸王"的一面，经常抢哥哥的玩具，所有人都要听她的，为此，佳妮在暖暖身上投入了更多的时间和精力。慢慢地，佳妮发现，小飞经常会出神地盯着躺在小床上的暖暖，嘴里还念念有词地说着什么，有时候还故意用力地捏捏女儿的小脸。靠近仔细听，原来小飞念叨的都是"你多幸福啊，爸爸妈妈都围着你转""妈妈从来不会生你的气"之类的话，语气里带着浓浓的幽怨和不满。

还有一次，暖暖哭闹的时候小飞正好在她身边，小飞语气凶巴巴地吓唬妹妹："不许再哭了，再哭我就要揍你了！"

以前吃完晚饭小飞都是自觉地跑到写字台前去看书、写作业，而现在呢，吃完饭以后小飞总是坐在沙发上看电视，或者盯着妹妹发呆，要大人催促两三次之后才进屋去，而且写作业的过程中还总是开小差。

这些小状况虽然对正常的家庭生活没有什么影响，但还是给佳妮敲响了警钟：在有了老二的这段时间里，家里一直是乱哄哄的，尤其

是出了月子以后，佳妮一个人要照顾两个孩子，每天都手忙脚乱的。有好几次，因为家务活干不完，暖暖又在哭闹，佳妮就把脾气发在了小飞头上。在她的潜意识里一直觉得，暖暖还那么小，什么都需要人照顾，哭闹都是正常的，而小飞呢，作为老大就自然而然地应该替家长承担一些家务活。还有几次，当小飞提出想让妈妈陪他看书、写作业的时候，佳妮都回答小飞："小飞，你已经是男子汉了，妹妹还小呢，需要妈妈陪着，乖，你自己去写作业吧！"

小飞并不是自私、小气的孩子，他非常懂事，经常帮大人一起照顾妹妹，但是却有点内向，不太会表达自己的感觉和想法。可是最近，大人们的注意力都集中在了暖暖身上，作为妈妈的佳妮对待小飞的态度也有点简单粗暴，小飞听话、帮忙的时候就夸奖，而撒娇、耍赖的时候就批评。虽然嘴上没说什么，但敏感的小飞早就觉察到了这种变化，并且产生了不舒服的感觉。

想到这儿，佳妮心里有点难受，小飞作为家里的独子，已经被大人们"团团包围"地关心呵护了八年的时间。这几个月突然一下他就从家里的"焦点"变成了几乎被忽略的一员，而且还被无故训斥了几次，别说是个孩子，就算是个心智成熟的大人，也难免会有失落之感。再看看小飞的表现：有空的时候就帮爸爸妈妈照顾妹妹、陪妹妹玩、带妹妹出去晒太阳，还经常抱着妹妹又亲又揉的，一看就是发自内心地喜欢自己这个小不点儿妹妹——这让自己和老公感到多么欣慰啊！但与此同时，两个疲惫的大人也就粗心地忽略了小飞的感受。

意识到这一点，佳妮和老公开始有意识地调整对待小飞的态度。

在小飞放学回到家之后的时间里，除了给暖暖喂奶、换尿不湿之外，父母都尽量多陪着他：吃饭的时候跟他天南海北地聊天；吃完饭他写作业的时候佳妮或者老公就陪他坐在旁边看书；周末也尽量让老公多带着小飞出去打球、游泳，等等，让小飞能多做自己喜欢的事。

小飞的懂事让佳妮夫妻俩既欣慰又心疼，在调整了对待两个孩子的态度、陪伴两个孩子的时间之后，渐渐地小飞终于又露出了灿烂的笑脸，每天自觉学习、空闲时陪自己的小妹妹玩，一家四口其乐融融。长大以后，虽然免不了斗嘴吵架，但因为佳妮夫妻俩把握好了对待两个孩子的方式，不偏心谁、不忽略谁，两个孩子的感情一直很好，成了我们周围人都羡慕的四口之家。

（李睿）

二孩妈妈产后抑郁了，怎么办？

如雪在老大出生后，就成了一个全职妈妈。对于这个职业，她做得游刃有余，觉得照顾孩子并不是什么难事，她的老公也一心扑在事业上，根本不用操心家里的一切，包括孩子。但老大刚一岁多，如雪就怀上了老二，老二出生后，如雪本以为自己已经有了照顾一个孩子的经验，再照顾一个不是问题，可是事与愿违，自从老二出生后，曾经被称为辣妈的如雪犹如霜打的茄子，再也没有精神，而且越来越觉得力不从心，即使请了一个阿姨照顾其中一个孩子也无法让她恢复如初，反而精神状态越来越不好，最终抑郁了。对于二孩家庭，似乎更要关注孩子父母的心理状态。

"单独二孩"的政策推行以来，很多符合条件的妈妈们都积极备孕，顺利迎来了家里的新生命。如今随着全面二孩政策的推行，更多的家庭开始有了再生一个孩子的想法，可是要把生二孩的计划真正地提到日程上来，真的不是一个简单的"1＋1＝2"的问题。案例中的如雪可以说就是没有真正做好养育二孩的准备，觉得自己是过来人，低估了二宝的到来给自己和家庭带来的影响，最终事与愿违，不但无法兼顾两个孩子，自己精神状态还每况愈下。可以说，生育二孩需要考虑的因素绝不仅仅是家庭经济条件、家庭其他成员的感受等，孩子父母能否从心态上、生理上迎接这个甜蜜的"负担"，也是顺利迎接家庭新成员的关键。

在消耗的精力上，也许会"1＋1＞2"。对于已经生二孩的父母来说，此时最棘手的问题就是是否有足够的精力来养育两个孩子。现代的人们生活节奏快，压力大，与其说缺乏抚养孩子的能力，更不如说是缺少教育孩子的精力。案例里如雪在大宝出生的时候，就回归家庭做了全职妈妈，可见她对于养育孩子充满信心并且乐在其中，但是生了老二之后，一切都不一样了，因为二宝不是大宝的复制品，而且两个孩子的年龄如果相差太小（一般来说 3 ～ 5 岁比较合适），那父母的疲惫和焦头烂额也是不言而喻的，初生二宝的喜悦很快就会被各种烦恼摧毁。

有心生无力养，后患无穷。力不从心的挫败感对于妈妈来说，可能是一个致命的打击。如雪本以为自己是过来人，已经有了照顾一个孩子的经验，再照顾一个不是问题，殊不知家有二宝带来的变化绝不仅仅是多双筷子这么简单，当初作为全职妈妈的成就感荡然无存，取而代之的是懊悔和抑郁。我们知道孕妇在分娩过后，体内激素水平发生改变，情绪也因此而多变起伏。对于妈妈们来说，产后 6 周内是抑郁症的高发期，可持续整个产褥期，有的甚至持续至幼儿上学前。而产后抑郁的妈妈们，情绪容易低落、焦虑，失眠、精力体力下降，往往不能很好地照顾婴儿，更别提要面临同时照顾两个孩子的状况。

所以对于二孩家庭，妈妈们的精神状态是影响整个家庭，特别是两个孩子的重要因素。

　　既然来了，应全家一起积极应对甜蜜的"负担"。已经有了二孩的家庭，家里的成员必须一起面对俩宝给家庭生活带来的改变，不能只让妈妈一人来承担，无论是欢乐还是困难，所有问题都要全家一起面对。此时，最好家里能有其他成员来帮助妈妈一起照顾两个孩子，这样就会减轻父母的负担，特别是妈妈的负担。

　　对于已经生了二孩的妈妈们来说，在照顾俩宝的同时，关注自己的身心健康也必不可少。其实第二个宝宝出生的时候，妈妈们应该更能分辨自己的身体感受，尽早察觉产后抑郁症预警信号的可能性大大增加了，也更应该懂得提前做好安排，寻求帮助。因此，二孩妈妈们要学会在状况失控之前，寻求帮助、适度休息，或者如有必要的话及时去看医生。

（伊丽奇）

陪伴是最好的礼物

当家中老二出生后，妈妈会感觉和自己曾经设想的完全不同了。怀着他的时候，妈妈就想会花更多的时间在两个孩子身上，不会让他的姐姐感觉到被冷落，给姐姐和弟弟的时间一定会平等的。但是当老二真正到来后，似乎一切都没有按照预期发展。不过妈妈也一直安慰自己，两个孩子就是这样，已经尽力了，虽然事实上在尽力让自己的生活状态不要因为两个孩子而打乱，还在继续忙着工作，还在继续电话不断，还在继续一边和孩子做游戏，一边发着微信。妈妈还把曾经陪伴老大姐姐的时间也在压缩着，当事后内疚的时候，就会给她买一些小礼物，只为弥补陪伴她的时间变少了。

直到一天早上，当女儿拽着妈妈的胳膊不让上班，哭着让陪她的时候，妈妈终于体会到孩子最想要的礼物应该是妈妈的陪伴，或许很多人"当然知道陪伴的重要性了"，可是知道是一种状态，而真正做到却又是一种状态。陪伴不是要求家长辞职在家专门带孩子，这只是一种身体的陪伴方式，其实陪伴的形式很多，最重要的是有效陪伴，当你真正和孩子在一起时，请放下你脑袋里的事情，请放下你手中的事情，请放下你眼睛里的事情，请一心一意地陪伴，不用太长时间，哪怕只有半个小时。

最近，妈妈每天下班回家不再把手机从包里拿出来，而是跟两个孩子一起玩，即使弟弟还小，对于一些游戏还不懂得规则，也不会把他扔在一边，而是让他也参与到和姐姐的游戏中，虽然有些时候姐姐很不喜欢弟弟参与到游戏中，因为弟弟不按她的规则玩耍，可为了孩子的感情及妈妈跟他们的相处时间，都会一直陪到孩子睡着。从中发现了很多好处。

1. 孩子心情好

陪伴会让孩子的心情有明显变化。每天妈妈回家时，女儿都会跑过来抱住妈妈，很开心，但只要把手机从包里拿出来，她的表情就会有所变化，之前妈妈也没在意，可是随着她的语言的丰富，她会直接从妈妈手中抢过手机，扔到一边，说："妈妈，别看手机了。"而她的弟弟也会开心地手舞足蹈，如果只是敷衍他俩一会儿，姐姐就不再说话了，甚至叫她玩最感兴趣的玩具也不愿意了，情绪明显失落，精神状态都不好了。但是自从改掉回家看手机的毛病后，孩子明显玩得很开心，也能和她还有弟弟认真互动，两个孩子似乎也不叛逆了，不再为了吸引妈妈的注意力而故意搞破坏。

2. 孩子更有安全感

如果能全身心地陪伴孩子，他们会从你的眼神中就看出你对他们的关心与关注，无论他们在做什么事情，你的眼光环绕着他们，他们就会感觉受到了保护，自然就变得勇敢而不畏惧。比如出去玩，当你把注意力全投在孩子身上时，孩子们会很大方地跟别人打招呼，也会主动找别的小朋友一起玩，因为孩子会体会到你在支持着他们，在给他们力量。如果此时的你在讲电话或者思绪飞向远方，孩子们都会有所察觉的，孩子什么都明白，这时的孩子会变得很胆小，很失落。

3. 自己更轻松

当你真的放下所有事情一心一意陪伴孩子的时候，会觉得内心是明亮的，所有的疲惫、烦躁甚至苦闷都消失了，那时候，自己的脑袋里、眼睛里只有孩子和他们爽朗的笑声，那时候的世界是安静的，平和的。

4. 家庭更和谐

从早上六七点钟到晚上六七点钟，我们上班族都无法陪伴家人，孩子自然由爷爷奶奶或姥姥姥爷帮忙照料。如果回到家，我们还在一直做自己的事情，长辈也会有意见的，即使他们什么也不说，因为每天陪伴他们和孩子的时间也就三四个小时，或许更少。如果一家人在这有限的时间里能够坐在一起聊聊天、做做游戏该多好，孩子从小也会耳濡目染，向父母学会如何孝敬长辈，向爷爷奶奶学会如何关心晚辈，甚至向姑姑婶婶学习如何与平辈相处，性格自然也会更阳光，不会孤僻，不会自卑。

这就是有效陪伴，在有限的时间内高效率的陪伴。

（邵梦）

妈妈适当"偷懒"，会有意想不到的好处？

我家小豆子1岁多的时候突然开始黏我，只要我在家，就要一直"挂"在我身上，爸爸在旁边仿佛只是个摆设，她根本不愿意和爸爸玩！和几个朋友聊天的时候发现，这种情况真是太常见了！而二宝家庭更加明显，两个孩子经常会因为"抢妈妈"而争风吃醋。

最近，跟朋友小曼聊天的时候也说到了这个问题。小曼家有两个漂亮可爱的小女儿，老大3岁半，老二1岁7个月。孩子黏妈妈这个问题，也曾经给她带来过不小的困扰——只要她在家，就是她一直陪着她们玩。"慢慢地我发现，两个女儿好像再也离不开我了，甚至我去上个厕所、去做饭洗碗，她们都要跟着我，不让跟着就会一直哭闹。"

不过，这种情况现在在小曼家已经几乎不会发生了——孩子的爸爸在这个关头挺身而出了！刚开始的时候，孩子一哭闹小曼就舍不得离开她们，甚至连厕所都憋着不去，或者是快速跑去跑回。后来孩子爸爸看不下去了，他一方面催促小曼去做自己的事情，另一方面开始用各种办法哄女儿们跟他玩。情况通常是这样：刚开始孩子们还是带着哭腔"妈妈！妈妈！"地不停大叫，可当小曼做完自己的事再回去看的时候，她们已经和爸爸玩得眉开眼笑了。

而现在呢，爸爸陪在身边的时候，就算妈妈走开，要去别的地方，女儿们也不会哭闹，而是乖乖地和爸爸一起玩，还经常被爸爸逗得咯咯大笑。小曼说，她在旁边看着还有点羡慕呢！不过从此以后，小曼有了更多自己的时间可以做自己喜欢的事，孩子们也可以和爸爸做一些新鲜的游戏。

听到小曼家的故事我突然明白：妈妈适当地放手，对自己和孩子都有好处！

我们都知道，妈妈的爱温柔、细腻，而爸爸的爱更多的是理性、深沉，两者爱的表达方式不同，给宝宝的感受也不同。爸爸带孩子，会有很多意想不到的好处呢！

1. 多和爸爸一起玩，宝宝更有创造性

很多时候，妈妈会无微不至地照顾孩子，以至于替孩子做很多本来他们自己可以做到的事情；而爸爸更喜欢鼓励孩子自己动手动脑做事，在这个过程中，孩子的创造力、解决问题的能力都会得到比较好的发展。

2. 爸爸的陪伴有利于宝宝社会性发展

在爸爸和男孩的交流中，爸爸的严格要求会使他们学会审视自己的行为，学会承担责任，男孩也会更好地从爸爸那里观察、模仿男性的行为特点，日渐表现出男子汉气概。

在爸爸和女儿的交流中，可以让女儿从小接触到良好的、明确的男性榜样，而且也会受到爸爸的进取、独立的影响。

爸爸和宝宝在一起时，喜欢和孩子一起玩运动性、技术性、智能性较强的游戏，并以其特有的男性特征，如坚毅、深沉、果断、独立性、进取性、合作性，经常鼓励宝宝尝试新鲜的游戏，鼓励宝宝勇敢探索、独立克服困难，这样就会更好地促进孩子身体、智能、性格的发展。

妈妈的爱温柔、细腻，爸爸的爱理性、深沉，甚至是豪放，正是

在爸爸妈妈的对比之下，孩子才会更好地理解男性和女性的涵义，使孩子顺利地形成正确的性别意识，完善人格发展。

3. 爸爸的教育更有利于宝宝成才

美国有一项研究表明：由男人带大的孩子智商更高些，在学校会取得更好的成绩，在社会上更容易成功。教育专家认为，男性在教育孩子方面有更强的目的性。一般来说，想要培养孩子哪些品质，发展哪方面的才能，爸爸心中都是有计划的，而母亲在这方面要差一些。在生活习惯的培养上，父亲更能教育孩子独立、果断，具有勇敢精神和冒险精神。

另外还有研究显示：爸爸对宝宝的逻辑思维能力发展具有较大的影响。与爸爸密切相处的孩子数学成绩较好。

看，爸爸多陪孩子，有这么多好处，妈妈们，是时候"偷个懒"啦！该放手时就放手，你和孩子都会受益哦！在家庭教育中，父爱是不可缺位的！

（李睿）

怎样做个轻松的妈妈

面对二孩时代，有的妈妈很担心，一个都操心不过来，两个怎么办呢？既然把小生命带到这个世界上，总要保证他衣食无忧地长大，还要给他最好的教育，不能给社会留下一个负担吧。

其实，衣食无忧，可以是锦衣玉食，也可以是粗茶布衣，孩子都可以健康长大。而在俩宝一生中不能或缺的是教育，父母的言传身教更是无可替代，是故，古人云："子不教，父之过。"而在教育过程中，并不是一味地绷紧神经，应该学会适度地放手。要让妈妈放手不管孩子，是不是有点天方夜谭？

在女儿 13 岁那年，我给女儿报名参加小记者访名人活动。

她在小记者团中已是年龄偏大的孩子了。女儿阳光的性格，并没有打消我的顾虑，毕竟她是第一次离开父母出远门。一周的时间虽然不长，但于一个母亲牵挂的心，却是何等的煎熬。每天，我克制自己不去打听她的行踪，但还是会从其他家长那里不断地听到她的消息。无论是好消息还是坏消息，我都劝慰自己：她会长大的。

女儿从上海归来，黑了一点；随后马上投入自己的暑期生活，好象不曾发生过这次上海小记者之行。

我也不追问，但还是暗暗地想：是不是我的女儿不够优秀？很平常？那就以平常的心去对待她吧。

然而，变化是一点一点显现的。

她知道学习重要了。在上海的一周时间里，她每天看到、听到那么多优秀小记者的刻苦认真学习的经验，促使她思考，知道学习在人的一生中多么重要。她暗暗用功，在初二时成绩一跃而上，此后一直稳固下来。

她在学校住宿期间，既有条理地打理自己的生活，还有条不紊地安排学习，这种条理性，可以说从前在她身上根本就找不到。以前她只是快乐地生活着，是父母的宝贝，生活之事毫不操心。

几年后，有一次在饭店就餐，她脱口而出，周庄的狮子头最好吃！我心中一阵窃喜，看来，她从来不谈的小记者之行，实际上在她心中有很深刻的感受，她不说，是因为她看到了自己的差距，而暗自下决心追上那些优秀的小记者。

　　孩子在成长，父母要懂得适度的放手。扶着她学步的手，早一点放开，她就早一点迈出自己的一步；帮她打理生活的手，早一天放开，她就会早一天自理；帮她解学习难题，早些告诉她，我也不会了，她就早些学会自己钻研……

　　有时看似狠心，实则正是至爱。初二那年暑假她独自飞去看望外公外婆；初三暑假，她独自跟团飞往英国，如果没有小记者的上海之行，我是无论如何不敢放手的。

　　做一个愉快轻松的母亲，请你早点学会放手！

（胡萍）

养二孩，父母要强大自己的内心

在迎接新生儿到来的那段时间，每对父母都会有紧张、不安的感觉；而养过一个孩子之后呢，我们会觉得自己已经拥有了相当的经验，即使面对两个孩子也能够轻松应对、得心应手。

但是，等到真正有了两个孩子的时候才会发现，原来两个孩子和一个孩子是完全不一样的，所需要面对的问题更复杂、更棘手。此时此刻就需要我们调整心态，以全新的态度来迎接全新的问题。

我的朋友阿萌，女儿毛毛快两岁的时候又欢天喜地地迎来了儿子多多的出生，这一女一子凑成个"好"字，我们都感叹她是人生赢家！

不过，随着两个孩子的成长，阿萌面对的问题越来越多了。

多多出生之前，毛毛晚上一直是跟着妈妈睡觉的，所以多多出生之后，为了不让女儿觉得有了弟弟妈妈就不爱自己了，就让家人带着多多睡觉，自己还是陪着毛毛。但是从多多1岁开始，突然就产生了要和妈妈一起睡觉的愿望，不能满足的话就会一直哭闹。于是阿萌只好改变生活习惯，每天先把儿子哄睡，再回自己的卧室陪女儿。

多多会爬会走之后，经常跟在姐姐屁股后面，姐姐玩什么他也抢什么，而毛毛呢，毕竟还只是两岁多的孩子，弟弟抢她东西的时候她就会生气。姐弟俩经常为这个打架，家里总少不了哭闹声。多多还喜欢跟在姐姐身后，姐姐干什么他也学着干，姐弟俩一起淘气起来也是让人不能消停。

这还不算什么，两个孩子同时生病才叫要命。孩子生病是无法避免的，也是让父母最难受的时候。一个孩子生病就能折腾得父母脱层皮，两个孩子同时生病那简直就是要命。孩子生病的时候都会黏妈妈，都需要妈妈的怀抱。毛毛和多多同时生病的时候，阿萌恨不得自己能有个分身——抱这个那个哭，抱那个这个闹，这个时候当妈的心里真是崩溃啊！

听阿萌描述这样的场景时，我总是跟着揪心。但是阿萌自己却显得非常坦然——虽然不容易，但毕竟都熬过来了。她自己说，这个时候，做父母的一定要坚强，不光是身体上，心理上更为重要。过于焦虑的心态不但对孩子的病情没有帮助，还会影响正确的判断力，消耗更多的体力。父母的身体不好，如何更好地照顾孩子呢？

确实，在两个孩子的家庭中，父母要接受的考验也是双倍的。那么，我们做父母的应该做好哪些心理准备，才能在面对两个孩子的问题时更加平和，内心更为坚强呢？

首先，很重要的一点就是，两个孩子的父母要承受的辛苦、付出的劳累肯定要远远大于独生子女的父母，尤其是在面对两个孩子争吵、哭闹甚至同时生病等这些让人头疼的情况时，父母一定要保持清醒，不被压力和情绪冲昏头脑。

其次，夫妻两人要互相支持、互相鼓励。即使是最困难的时候，只要有人在身旁陪伴，也能过得无怨无悔。

最后，作为两个孩子的父母，更要去努力充实自己，储备新的知识，来解决教育孩子的过程中出现的新问题。养育孩子本来就是一个和孩子共同成长的过程，孩子的成长和改变也会促使我们发生改变。孩子的成长变化是非常快的，作为父母，我们必须记住这一点，不断学习，才能促成自己内心的成长，给孩子更好的教育和陪伴。

（李睿）

平静面对俩宝的无理取闹

　　我有两个孩子，老大 7 岁，老二 4 岁，别人常常是用羡慕的眼光看有两个孩子的妈妈，可是只有我们自己知道养育两个孩子意味着什么，尤其是没有保姆也没有老人帮忙的时候。幸福的时刻当然有，可是也经常会被两个孩子争抢吵闹搞得不胜其烦。今天写下这些文字，想跟和我一样有两个孩子的妈妈们分享，如何在朝着孩子发了脾气之后迅速从内疚、自责、认定自己不是好妈妈、无助、无望的情绪困扰中走出来。

　　早晨通常是忙乱的，叫起床、做早餐、穿衣、刷牙、洗脸……天天都跟打仗似的。所以早晨也是自己最没有耐心，最不能忍受两个孩子叽歪打闹的时候。可是孩子毕竟是孩子，打闹、拌嘴、争抢对于他们来说就是家常便饭。我清楚地记得那个早晨，我们还算顺利地出了家门，来到电梯口，闹剧就在这里上演了。老二因为老大先摁了电梯而哭闹不止，他的哭声、尖叫声挑战着我忍耐的底限。他哭着张开双手要我抱，平时，他只要我抱，我一定会抱的，只要我们抱上了，很快彼此都会平静下来。可是那天，我却没有抱，而是无情地转过了身。电梯来了，我气呼呼地告诉他：如果哭闹，就不要上电梯。孩子们都被我的情绪所控制了，他们乖乖地跟着我，一句话都不敢说。出

87

了电梯，我一个人不管不顾地在前面狂走，我感觉自己快要爆炸了，到了老大的学校门口，老大跟我说再见，我却生气地质问他："如果我跟你爸天天吵，你是什么感受？"说完，我转身离去。老二是同样的遭遇，我们没有告别，他一个人走进幼儿园。

送走他们，我开始了内心的自我摧残，内疚、自责、后悔……潮水般涌来：天呐，我刚才究竟做了什么？我怎么能那样对待我的孩子？他们好可怜，好像孤儿一样可怜，我真不是一个好妈妈，我无药可救了。我不知道其他妈妈是如何打发这煎熬的时光，我知道有的妈妈会出去给孩子买礼物。我没有，而是拿出记事本，开始把刚才发生的那一幕记录下来。记录下来之后，我惊奇地发现刚才之所以有那样"恶劣"的行为，是因为我有一些自己并没有意识到的想法：老大为什么就不能让着点儿老二，我要惩罚老大，让他记住下次一定要让着点儿弟弟。我以为我已经放弃了惩罚，我以为我真的做到了同等对待

两个孩子，但是我没有，直到我记录下了刚才的那一幕，我才看到了真相。当我看到了真相，我有一丝的窃喜，我不要坐在这里被自责和内疚吞噬，我要主动出击，我必须做点什么。我打电话给两位闺蜜，我需要她们和我一起角色扮演刚才在电梯口发生的那一幕。两位闺蜜演我的两个孩子，我演我自己。当她们各自说出两个孩子的想法和感受的时候，我发现虽然天天和孩子们厮守一处，但是他们有我不了解的想法：哥哥能做到的，老二也一定要做到，哥哥做到了，老二没做成，老二就担心自己不如哥哥，妈妈就会因此不喜欢自己。老大就是跟弟弟玩耍，妈妈不理弟弟了，老大心里也觉得弟弟挺可怜的。当我对孩子们有了这样深入和直接的了解之后，我感觉好极了，因为我知道了如果下一次同样的情景发生，我该如何平静地面对。

孩子们下学回到家，我心里还有一丝忐忑，孩子们会不会还在生我的气？事实证明我的忐忑实属多余，孩子们像小土匪一样冲了进来，要妈妈抱。

从那次之后，我还盘算着怎么用我的新办法平静对待电梯风波呢，可是那次之后，孩子们就再也没有因为电梯的事争抢。当他们因为其他事情争抢的时候，我就平静地告诉他们：我会离开一会儿，他们不再争抢的时候，我再回来。我们不是非要去改变孩子的行为，有时候，仅仅是决定自己该怎么做，就能多云转晴，风平浪静。

（格日勒）

战争与和平：性格不同的兄弟俩

在有一个以上孩子的家庭里，摩擦是永恒的主题。怎么解决大大小小的矛盾呢？是依靠使用暴力的战争，还是通过谈判取得和平，每个孩子都有自己的选择，都有自己的智慧。使用暴力不见得是勇敢，迂回避让也不见得是懦弱……

在下面的两个案例里，可以清晰地看到性格不同的兄弟俩对于战争状态的不同处理。

感谢你替我按摩

（老大七岁，老二四岁）

这一次的兄弟战争，给我留下了深刻的印象。

我在做自己的事情，就听到餐厅那边传来了哥俩的争吵，什么"你的""我的"，两个人的音量越来越大，突然老二的声音提高了八度，还伴随着剧烈运动产生的喘息声。我心说，坏了，打起来了。我赶紧跑过去，在我眼前出现的是这样一幕。

　　老大把什么东西紧紧地护在胸前，背对着弟弟，老二正在暴怒中，跳起来，两个小拳头像雨点一样落在哥哥的背上。

　　我正要冲上去，把老二拉开，老大突然回过头来说了一句话，我当场就惊呆了——他很不屑地对弟弟说："感谢你替我按摩。"

　　弟弟的小拳头停止了动作，他意识到自己是在做一件没有意义的事情，就像一只蚂蚁去打一只大象——大象根本不疼。老二一屁股坐在地上，放声大哭起来。

　　事后，我悄悄地问老大："弟弟打你，你不疼吗？"

　　他说："疼。"又想了想，追加说："一点疼。"

　　然后，他神秘地笑了起来，就像要吐露重要秘密的人那样，悄声地说："弟弟打人没有章法。"他调皮地看着我，脸上又出现了那种"你懂的"的神情，声音更加地轻了，"就是打人不知道打弱点。"他的嘴唇快要碰到我的耳朵了，"这是我们之间的小秘密，不要告诉弟弟。"

不要吐我的脸

（老大八岁，老二五岁）

昨天，兄弟俩一起去医院——老二低烧咳嗽一个星期了，老大要复查心肌损害。可就这样，两个人在车后面还是不停地玩笑打闹。

我在立秋以后犯了过敏性鼻炎，再加上老二晚上生病折腾，人有点昏昏沉沉的，眼皮子直往下耷拉。迷迷糊糊间听见，两个人闹起来。

"干吗打我的头？"

"我要喝水，把水瓶还给我！给我……给我……给我……"

愤怒的声音伴随着"吭吭"的打斗的喘息声，一阵阵地传到我的耳朵里。突然，"呸"的一声响亮的吐痰声清晰地传来，我终于从困倦中挣扎出来，扭头一看，老大正用手捂着脸，袖子上一口痰迹，老二气势汹汹地坐在一旁，小嘴唇上还流着亮亮的口水。

这下子我生气了，太不尊重人了。我劈头盖脸地把老二训斥了一顿，老大在我斥责的间隙，小声地帮腔："哼，让你用水瓶打我的头……还吐我……幸亏我及时用手把脸捂住了……这才没有吐在我的脸上……"

也许有人会觉得哥哥太软弱了，比弟弟要高一头，力气要大很多，结果总是弟弟先动手，哥哥反而处于一种被动挨打的状态。作为母亲，我不这样觉得，在老大对弟弟说"感谢你给我按摩"的时候，我都笑出声来，那一刻，我觉得我的大儿子很好、很强大，是一种精神上的强大。

每个孩子天性是不同的：有的生下来是绵羊——就像老大——温和、内敛、没有攻击性；有的生下来就是狮子——就像老二——热情、外向、富于攻击性。我不会让一只绵羊去学做狮子，同理，也不会让一只狮子去学做绵羊。他就是他，我只是努力帮助他成长得更好。是绵羊的，就努力成长为一只最好的绵羊，在关爱、包容他人的同时，知道怎么保护自己。是狮子的，就努力成长为一只最好的狮子，勇往直前、永不退缩，同时知道什么时候要缩回自己的爪子，不要伤害亲人。

孩子们，妈妈爱你们，因为你就是你，每一个都是独一无二的。

（李玉帼）

爱的表达：引导孩子表达爱

有了孩子以后，最让你幸福的是：孩子对你全心全意的爱。有一个以上的孩子，你会体味到不同表达方式的、份数加倍的全心全意的爱。每个孩子如此不用，以至于他们表达爱的方式也天差地别……

我很爱你，我的亲哥哥

（老大七岁，老二四岁）

老二自从十一月份发烧、咳嗽，就没有再去幼儿园了。去年冬天的这个时候，他因肺炎而住院，可把大人的胆都吓破了。老二不发烧了，可还有一点儿咳嗽，于是索性让他在家里过个冬天，好好养养。

平时都是姥姥、姥爷看着他。姥姥负责做饭，姥爷负责陪他玩和教他弹琴、下棋。

这天，姥爷要陪姥姥去医院看病，所以，故事开始了……

十二月份冬天的早晨，风不大，但是温度很低。我把他裹得严严实实的，带到了单位。

进了办公室，和阿姨们打完了招呼，小朋友吃了三块点心，玩了十分钟游戏，扫了一遍地，擦了一遍沙发，跑了八趟厕所——别误会，是为了浇花，我这儿只有一个小小的牙刷杯，只好接一杯水，浇一盆花，八盆花，所以跑了八趟。鉴于他表现良好，一位阿姨送给他两块小熊点心——一块白色奶油味的，一块黑色巧克力味的。

老二斟酌再三，吃了那块黑色的。

下午，我们一起接上老大往家走。老二把白色的小熊点心拿了出来，"哥哥，这个小熊给你。阿姨给了我两块，一个黑色的，一个白色的。黑色是巧克力的，你吃了会流鼻血，我太爱你了，所以我把黑色的吃掉了。"

哥哥腼腆地表示很感动，也要和弟弟分享白色的小熊点心。

弟弟一下子扑上去，亲了哥哥一下："你真是我的亲哥哥！"

抱抱
（老大八岁，老二五岁）

"抱抱"是我非常爱对孩子们做的事情。小孩子又香又软，抱起来好有感觉。老二长得比较肉，我抱他的时候经常会忍不住揉搓两下；老大又瘦又高，抱他的时候，就会小心地圈在怀里，静静地依偎一下。

两个孩子对于抱抱也是不同的反应。老二热情似火，一次爸爸去机场接他和姥姥、姥爷，他隔着几十米，大叫一声，飞快地跑过来，往爸爸身上一跳，紧紧地抱住，就再也不松手了。他叫得声音如此之大，以至于我觉得整个机场的人都在围观我们了。但是老二不高兴的时候，是死活都不肯让你抱的。老大则是不论高兴还是不高兴，都比较温和，高兴的时候多腻一会儿，不高兴的时候哼哼两声、扭两下就算了。

一次，我问孩子们："喜欢妈妈抱你们吗？"

老二说："喜欢！"

老大说："也喜欢。"

我问哥哥："既然喜欢，怎么从来没有表示过呢？"

老大走过来，轻轻地抱住我："真的喜欢。"

我摸摸他的头发，已经是又黑又硬，不像小时候那样又黄又软，心里不由得很感慨，"喜欢，就要说出来，妈妈从来没听你说过。"

"好的。"老大仰起脸来，眼睛清澈明亮。

从那以后，老大经常会主动来抱抱我。

有的孩子天生羞涩，他不是不会爱，而是不会表达。他心里有着满满的爱和渴望，但是没有宣泄的出口。而有的孩子天生就富于感染力，他大声笑、热烈地拥抱，把自己的感受一股脑地都倒出来。我想作为父母，我们要告诉孩子：你热烈地爱我，我很幸福；你温柔地爱我，我也很幸福。但是你一定要表达，要说、要做、要让我知道。

世界如此美好，面对这样不同性格的孩子，我要做的就是爱他们，并享受他们的爱，同时引导他们勇敢表达爱。

（李玉帼）

别把孩子完全甩给老人

随着现代社会的迅速发展，生活压力的加大，大部分的城市家庭都是双职工家庭。那么当妈妈休完产假，重新投入工作之后，大部分家庭都会选择由老人来帮忙照顾孩子。尤其是现在政策放开，越来越多的父母选择生二孩后，老人的帮助就更不可或缺了。无论是在小区还是广场，也不管是在农村还是城市，老人带孩子都是一道"亮丽的"风景线。

可能有的父母忙于工作，周末也会有各种应酬、聚会，和孩子待在一起的时间非常少。孩子大部分时间都要和老人在一起，有的晚上还要跟老人一起睡。甚至有的家庭，孩子、父母与老人生活在不同城市，迫于种种的现实，只能把孩子送回老家，完完全全地由老人照顾。这种隔代教育其实对孩子的负面影响很大。

我们小区有一个男宝宝，我第一次看到他的时候，大概一岁三四个月的样子，由姥姥带着，安安静静地坐在小车里，姥姥就拿个小凳子坐在旁边看着。以后每次看到他，几乎都是姥姥带着。一岁多的小男孩，已经会走路了，正是活蹦乱跳，看见什么都充满好奇，拉都拉不住的阶段，可是每次我看到他，他都是安安静静地坐在小推车上，一声不吭。天气稍微冷一点的时候，小男孩已经戴上了帽子，身上也裹得厚厚的，因为有一种冷，叫姥姥觉得你冷。每次看到这个小男孩，我都会觉得很心疼。

诚然，有的父母忙于工作，照顾孩子的时间比较少，但是也不能把孩子完全甩给老人。

首先，一些老人的文化程度不高，教育理念相对落后、保守，接受新生事物比较慢。他们希望孩子听话、乖巧、顺从，认为听话的孩子才是好孩子。面对孩子的一些出格、捣乱、破坏的行为，他们总是急于制止，却不知道无形之中扼杀了孩子的冒险、创新和探索精神。长此以往，由于孩子总是受约束，这不能干，那不能碰，孩子的好奇心和探索欲望就会慢慢消失殆尽。当孩子慢慢变成我们所谓循规蹈矩的"好"孩子时，这是何等悲哀！

其次，老人带孩子容易过分溺爱孩子。正所谓隔辈亲，老人对孩子无条件的爱容易让孩子养成以自我为中心、自私、任性的性格。而且老人对孩子过份保护，也阻碍了孩子独立能力的发展。当孩子已经可以自己吃饭的时候，怕他们吃不饱还在一勺一勺地追着喂；当孩子已经可以自己独立走路的时候，怕摔跤还要在怀里抱着；当孩子可以自己穿衣服的时候，嫌慢赶紧替孩子穿好……所有这一切，都会延缓孩子的动作发育而导致智力发育受阻，还会让孩子养成过于依赖别人的习惯，独立能力差。

当然，我们也要理解老人的不容易。他们全心全意地照顾我们的孩子，当他们对孩子照顾得无微不至、事无巨细时，我们说太溺爱；当他们对孩子管教过多时，我们可能又觉得抹杀了个性；当他们稍微有些疏漏、照顾不周时，我们可能又会抱怨太粗心……老人在我们的苛刻要求下，很难找到一个很好的平衡点。他们帮我们带孩子已经很辛苦，我们应该怀着一颗宽容和感恩的心来对他们！

就算老人受教育程度高，对孩子的生活等方面也都照顾得很好，我们也不能完全将孩子甩给老人。老人把孩子照顾得再好，也只是一个辅助的角色。作为父母，陪伴孩子、教育孩子、给孩子安全感和满足感这都是我们必须亲自做的，任何人无法替代！在儿童时期，父母教育的缺位会给孩子留下终生遗憾。

不管工作再忙，再累，我们也要尽量抽出时间来陪孩子。我们给孩子的不只是好的条件和环境，陪伴才是孩子最渴望和最需要的。

（梁军霞）

二孙来了，爷爷奶奶准备好了吗？

传宗接代，这是中国最古老的传统观念之一，也是最根深蒂固的观念之一，这在祖父母身上表现得极为强烈。许多年轻夫妻拗不过爷爷奶奶的坚持，要了孩子。尤其在农村，男人是劳动力，一个家庭没有男丁，祖辈会一再要求儿媳妇生孩子，直到生个男孩。如果你有机会到村子里打听一下，你会发现，只要一个孩子的家庭一般只有一个男孩，而要两个孩子的家庭一般是姐姐和弟弟，有三个孩子的家庭一般是两个姐姐和一个弟弟。

现在国家拟放开二孩政策，在农村独生子女的家中，祖父母往往会希望儿子再要一个孩子。这时，他们不会在意下一个是男孩还是女孩。尽管儿女双全的传统观念也会起作用，但比起传宗接代，矛盾冲突就会小多了，祖父母会更尊重儿子和儿媳选择生还是不生。在农村，因为有太多的二孩及三孩家庭的存在，放开二孩政策引起的震动不会太大。

在城市里的祖父母选择比较多样，关键是生二孩要考虑生活成本的增加，自己是否有能力帮助年轻夫妻，无论是经济上还是体力上。有经济资助能力的，或者有能力分担家务的，祖父母希望再要一个孙子或孙女的愿望会强一些。

果真要再添一个孙子或孙女，爷爷奶奶，您准备好了吗？

虽说吃饱、穿暖、不生病是最起码的期望，但是养孩子可不是给点钱就万事大吉了，也不是请个保姆看孩子就够了。

给孩子创造一个和睦的家庭氛围可能要放在吃穿之前。在一个整天争吵的环境中，孩子不知听谁的，在一片混乱中长大，孩子的心理很可能会出现问题。家长凡事有商有量，即使吃得差点，穿得次点，孩子长大一样会有出息的。

不把自己的价值观强加在晚辈身上是避免各种冲突的法宝。有许多家庭矛盾常常是由于祖辈与晚辈世界观、价值观的不同而引起的。世界是多元的，家长们在大是大非问题上保持一致，其他方面，要宽容他人，能够求大同存小异，这是和谐的保证。年轻人血气方刚，喜欢抬杠；老年人见多识广，能够宽容为怀。

祖父母也要善于学习，与时俱进，千万不能死抱着落伍的教养观不放。多沟通，多提建议。即使是放之四海而皆准的真理，不是也有地域特色吗？更何况，孩子在一直成长变化着，祖父母要跟着宝贝孙子孙女的成长足迹，不断学习做好爷爷奶奶的本领。

　　套用抗战时期的一句话："有钱的出钱，有力的出力。"养孩子是个大工程，而且是要永远付出的工程。等孩子长大回报社会的时候，也许我们只能在天堂里笑对了。"儿孙自有儿孙福，莫为儿孙做马牛"，祖父母过好自己的晚年生活，更是给儿孙树立了生活中的真实榜样，更有价值。

（胡萍）

累并快乐着

俩宝同时生病，家长莫着急

有了二孩，家务谁做啊？

二宝如何捡漏？

让俩宝远离家中的危险

家有俩宝，外出更要注意安全

俩宝同时生病，家长莫着急

一份快乐，两个人分享，会变成两份快乐；一份痛苦，两个人分担，则变成一半的痛苦。当你有了宝宝，你看着他快乐的样子，你的心也跟着舞蹈，幸福溢满心头！而当你拥有了两个宝宝，看着他们在一起相亲相爱、嬉笑打闹，我想你的幸福感也是双倍的，甚至是呈 N 次方递增的！听着孩子稚嫩的童音，看着他们天真的脸庞，那一刻，所有的辛苦和烦恼都烟消云散，只剩下满满的幸福和快乐！那一刻，你是天底下最幸福的人！

然而，孩子生病的时候，世界仿佛就失衡了！相信每一位妈妈都记得宝宝第一次生病时那种抓心挠肺、心急如焚的感觉，恨不能代替宝宝承受所有的病痛！有的妈妈可能不管三七二十一，抱着宝宝就要冲向医院。宝宝一生病，家长身心俱疲。而一旦两个宝宝同时生病，就更是鸡飞狗跳、火上浇油、天翻地覆了！

其实，宝宝生病，考验的不仅是孩子，更是家长。不过有了大宝的经验，相信妈妈在对待二宝的第一次生病时就不会像大宝生病时那样手忙脚乱了、不知所措！如果两个孩子同时生病，家长也千万要保持淡定莫着急。

　　孩子生病是很正常的事情，只有在一次次与疾病做斗争的过程中，宝宝的抵抗力才会逐渐提高。很多家长推崇的崔玉涛医生曾经说过"抵抗力强，不是不得病，而是得病后能很快恢复。"因此，家长一定要淡定对待宝宝的生病。

　　生病就像我们生活中会遇到困难一样，我们不可能祈求这一生都不遇到困难，而是要让自己遇到困难时，能够拥有化解困难的能力。

　　当孩子生病时，我们不用过分担心和着急，要给他时间，让孩子通过抵抗疾病来不断提高自身的抵抗力。孩子每一次生病，体内的免疫系统就会激发一次，通过与病毒的抗争，孩子的免疫力就会提高一

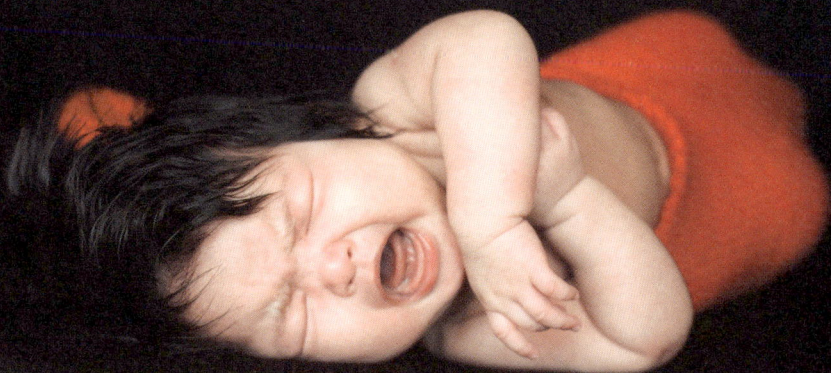

些，身体化解困难、恢复健康的能力也会越来越强。

了解了这些，家长在对待孩子生病时就可以放松心态、尽量轻松地面对了。当你的心态比较轻松、乐观时，这种感觉也会传递给宝宝，让宝宝更快地恢复健康。

摆正了心态，接下来就是正确的护理了。

此处要提醒各位家长的是，一般病毒性的感染，不要随便用抗生素，更不要轻易给孩子输液。很多家长一看到孩子生病就如同热锅上的蚂蚁，希望马上用抗生素把病压下去，殊不知这样做不仅孩子的免疫力不会提高，反而有损身体的免疫力，对健康不利。"治疗过于积极，免疫系统还来不及启动病菌就消失了，等于白病一场。"当病毒再次来袭，孩子还是抵抗不住。所以，在孩子生病时，父母的心态最重要。要注意观察宝宝的精神状态。只要精神状态良好，家长大可不必过于担心。

当熬过去宝宝最难受的时刻，你也就看见黎明的曙光啦！当两个宝贝又在你面前活蹦乱跳时，所有的苦、所有的累，都值了！

（梁军霞）

有了二孩，家务谁做啊？

二孩出生以后，家务活明显多了起来。经济富裕的家庭，祖父母会选择给小家庭经济援助，找个保姆来照料小宝。而更多的小康之家，还有农村中身体健康的爷爷奶奶，大多会参与分担照顾两个宝宝的日常家务，这种抚育模式，是我国比较普遍的抚育模式。为了减少日后的矛盾与争吵，确保两个宝贝在和睦的家庭氛围中健康长大，家庭成员间，一开始就应该有计划地分担家务，这是非常必要的。

教育主导者

这个角色的重要性是不言而喻的，一般由妈妈担任，但不排除愿意承担这个重任的父亲也可以很好地胜任。

教育主导者首先要确立一些原则性的问题，比如，二孩饮食作息规律的养成、健康兴趣的开发、优秀品德与素质的培养等，一旦目标基本确立，就围绕大目标坚决落实执行。尽管已有养育大宝的一些经验，但是，二宝决不是大宝的翻版。教育主导者要时刻保持对先进教养理念的追踪，既不落后于时代，但也不人云亦云，因为培养孩子不是做实验，是没有试错的机会与成本的。

教育主导者要随时保持与家庭其他成员间的良好沟通，要善于及时发现一些不良行为的苗头，及时纠正且态度坚决。比如，跟孩子约定，上幼儿园不能哭，哭了就不能看动画片。如果你没时间监督执行，而祖父母却认为这不是什么大事，当作玩笑，又听任孩子自己做主，让这个约定成了空谈。这其实埋下了孩子长大后忽视社会规则、轻视承诺的行为习惯，这在重诚信的社会里，是难以立足的。所以，小到饮食习惯的建立，作息时间的合理调整，大到优秀品德素质的培养，都是从小就要重视的，需要教育主导者认真规划，当然更多的是实际执行，而不是流于口头或仅存在于思想之中。

饮食起居照料者

在养育二孩的家庭中，更多事务性的劳动就是对小婴儿的照料，而且，所有的教养目标，也都是通过一点一滴的日常相处而得以落实。所以，教育者与照料者经常沟通，保持互动与微调，也是必不可少的。甚至有些专职妈妈，身兼教育者与照料者、陪伴者等多重角色。

当二宝断奶以后，二宝何时吃饭，何时睡觉，应该尽量保持与大宝一致，并逐步与成人同步。这不仅减少了大人照料两个宝宝的辛苦程度，也是为二宝将来很好地融入幼儿园集体生活作准备。具体地说，二宝的三顿主餐时间可与成人一致，而上午与下午的加餐时间可以选在两餐中间，食物量不宜太大，以不影响小宝的正餐食欲为前提。

穿衣服的多少当然要参考天气与环境状况，及时加减，尽管可以参照在照料大宝时获得的经验，但不要忽略个体差异，被经验所误。经常摸一摸宝宝的脖子后面，感觉是否温暖干燥；观察小宝脸色是否红润，情绪是否正常；观察小便的颜色、大便的颜色与形状是否正常，这都是照料者每天必做的事情。

陪伴玩耍者

陪伴玩耍，在宝宝的成长过程中很重要，父母和祖父母都要参与，更重要的是，大宝可以跟小宝一起玩耍。在玩耍时，不同的关系会有不同的表现形式，孩子从中潜移默化地学到与人相处的本事。有的家庭固定一个成员陪孩子玩，其实损失了孩子接触学习各种相处之道的机会，长大后，其性格发展会明显带有陪伴者的印迹。

在充分理解家庭的养育目标后，这三个角色最好由所有的家庭成员一起承担，不同的时段，可以分担不同的角色。这样，每个成员不会感到劳累、辛苦、枯燥，也不会怨气冲天，而是在学习中与宝宝一起成长，感到幸福与快乐。当然，这是理想状态，在现实中，成员之间的理解是有差异的，执行也是有差异的。应该说，我们只能正视这种差异，不可能消灭差异，这正是生活的多姿多彩呀！

现实中，有的家庭虽然没有明确的分工，但在长时间的相处中自然形成了某种分工，比如爸爸负责采买，妈妈负责做饭，爷爷负责陪伴，奶奶负责洗洗涮涮，等等，在和谐温馨中，日子一样红红火火，宝宝一样健康长大。作为教育主导者，只要心中有数，能够把控全局，就可以了，家又不是单位，非要争个董事长总经理什么的。

目前，很多农村留守儿童，在成长过程中缺失了父亲或母亲的教育和抚养，甚至父母双亲同时不在身边，这看似是每个家庭的养育形式不同，其实已经造成了很大的社会问题，留下安全隐患、心理健康隐患，不断地从新闻中看到发生在他们身上不该发生的事，真是令人痛心。所以，一个个小家庭和谐幸福，整个社会才会稳定平和。

（胡萍）

二宝如何捡漏？

　　随着二宝的出生，吃喝拉撒、衣食住行，样样都要准备。如果能将大宝的东西"传承"给二宝接着用，不仅能节省部分开支，也便于家长对家里已经添置过的物件合理再利用。

　　当然，现在经济条件好了，每位家长都不遗余力地为孩子提供优质的生活，吃要吃好的，用也要用好的，很多家长是坚决反对穿旧衣服、用旧物件的。他们普遍认为，在能力范围内，一定要把最好的留给孩子，为什么要让自己的孩子一出生就用旧东西呢？

　　但其实，一些经过多次洗涤的旧衣服，会更加柔软贴身，婴儿穿着会更加舒适；一些经过使用的婴儿物品更圆润、更安全。而且，让孩子用二手物品并不是抠门，主要是为了不浪费资源、低碳生活，更重要的是希望孩子以后能不求虚荣，不浪费，学会感恩。

　　有孩子的家长都会有一个普遍的认知——屋子里的东西到处都是，满得都要溢出来了！那就正好借着二宝到来的机会，好好地将孩子的东西做个整理，让二宝能从大宝的物件里成功捡漏吧！

113

衣

大宝的包屁衣、贴身小内衣等一般会买得很多但穿得不多，所以可以将这些新生儿穿的衣服挑拣出来，用热水烫洗并在太阳下曝晒后，再给二宝穿。而且这类衣服不分男宝女宝，利用率很高。

儿童专家也说过，在同等材质的情况下，旧衣确实比较适合新生儿。旧衣服大多是经过多次洗涤的，柔软度更好，而且在洗涤中，衣服中的一些如甲醛等的有害物质也挥发干净了，对婴儿的皮肤刺激也相对减少。

另外有些新衣服染色不过关，还会褪色，附着在宝宝稚嫩的皮肤上，有可能会让宝宝患皮肤病。从以上几点来考虑，给二宝穿大宝的旧衣服是个不错的选择。

食

大宝用过的玻璃奶瓶也可以刷洗、晾干之后，套上新的奶嘴给二宝使用。塑料、橡胶制品，经过使用会变质、老化，不适合长时间使用，但玻璃制品耐高温、抗氧化，只要做到清洁和消毒，是完全可以连续使用的。

营养专家也说过，玻璃奶瓶内壁光滑，容易清洗，蒸煮消毒不变形，更加适合婴儿使用。

住

二宝出生后，很快就要面对分床睡的问题了。如果大宝和二宝的年纪相差不多，还需要添置新床；但如果两个孩子相差较多，也可以借此机会，为大宝置换更大、更独立的床，将大宝淘汰下来的婴儿床给二宝接着用。

婴儿床普遍都为木制，对于新买的婴儿床，专家指出，应尽量放置在空置的房间，开窗通风，两个月以后再给宝宝使用，最好擦干净后晒晒太阳，杀杀菌。如果家里有旧的婴儿床给二宝用，就可以省去这个步骤。

家长一定要注意，新床表面的涂料中，一般都含有铅物质，对婴儿健康极为不利。一定要选购环保型家具。

行

和大一些的孩子相比，新生儿更需要婴儿推车来代步，因为 1 岁以前的孩子要频繁地出门打疫苗、做检查等，所以，将家中已有推车优先给二宝使用更加合理。

当然，也不能厚此薄彼，在征得大宝"转让"自己宝贝推车的同意后，也可以相应地为大宝更换手推三轮车，更大一点的孩子还可以更换带辅助轮的小自行车。这样不仅解决了二宝的出行问题，也让大宝顺理成章地过渡到了下一阶段。

二宝降临，所需要的东西当然不止这几方面；家长所要花费的精力也远不止于如何更合理地将大宝的东西"传承"给二宝。让二宝"捡漏"，除了为家长节省小部分开销，给孩子们养成勤俭节约的好习惯外，也能让大宝看到自己的东西用在了弟弟、妹妹身上，培养大宝对二宝的亲近感和熟悉感。

大宝的东西，二宝接着用，让家里的两个宝贝相亲相爱、健康成长吧！

（齐宇）

让俩宝远离家中的危险

在有宝贝的家庭中，我们经常看到一些被包裹的桌角，高置的玻璃制品、药物，藏得找不到的刀具，圆角的剪刀，设置在床边的安全网等。这些安全设施都是为了家中的宝贝能安全成长准备的，但对于有两个宝贝的家庭，仅仅在设施上保证他们的安全是远远不够的，两个宝贝共同成长有可能发生一些令家长意想不到的危险，家里的某些安全设施和安全理念也要为了适应两个宝贝而改变。

每个宝贝都是家庭的核心，二宝的诞生无疑会分散一些家长原本放在大宝身上的关注。大宝虽然还是孩子，但孩子的心最是敏感，此时家长一定要注意两个宝贝的心理和情绪，千万不能忽视。我们现在经常会通过媒体听到大宝伤害二宝只为引起家长关注的事例，无论大宝是不是从一开始就反对父母给自己生个弟弟或妹妹，当二宝出生后，大宝常常会感觉父母和其他家长原先倾注在自己身上的爱被抢走了，被关注的永远是小的那一个，所以大宝有时会用犯错来引起关注，如果父母此时只是短暂地把注意力放在大宝身上，而不去调整大宝的心理，大宝伤害二宝的事件很有可能就会发生。为了避免此类事件的发生，建议父母要时刻关注两个宝贝的心理，从根本上避免宝贝的错误行为，而不要只看问题的表面。

　　当家庭中有一个小宝贝到来时，全家人的心思会全都投在他的身上，宝贝能吃什么、不能吃什么，全家都掌握得很清楚。但当第二个宝贝到来时，这种饮食安全就容易被混淆了，因为大宝长大一些了，有些原来不能吃的食物现在可以吃了，但这些食物对二宝而言却是危险的，是不可以吃的。比如棉花糖，对大宝而言，这是他喜欢的零食，可是棉花糖不会融化，宝贝必须有自主吞咽功能后才可以食用，食用时还要很小心，所以对于年龄还很小的二宝，棉花糖绝对是不能吃的。可是孩子对食物都有种天生的好奇，看到大宝吃，二宝也会想吃。这个时候，最好不让大宝吃，如果一定要吃，也不能让二宝看到，并一定要叮嘱大宝不要给二宝吃，并严肃地告诉大宝：这种食物对二宝有危险！

当二宝到来时，整个家庭基本上是要把养育大宝的整个过程复制一遍，但过程却复杂了一些。在纠正与教导宝贝的行为与习惯时，宝贝并不是教一次就能学会的，有时要花费很长一段时间，对大宝、二宝皆是如此。但是，在家长教导二宝的过程中会发现，有些错误行为习惯大宝原本已经改掉了，可是看到二宝在做，大宝也会跟着做。这是因为孩子的模仿本性让他觉得：二宝能做，我也可以！他们会情不自禁地模仿对方的行为，无论对错。此时，家长千万不能一味地责怪大宝的倒退行为，要鼓励他作为哥哥或姐姐要给二宝树立榜样，改掉错误的行为习惯。也许榜样的魅力能帮助大宝变成家长的小帮手。

随着两个宝贝的长大，互相追逐玩耍便会成为家常便饭，而厨房对孩子而言更是一个神秘而具有强烈吸引力的地方，他们很好奇家长是如何在厨房里变出那一道道美味的食物。可是，厨房不是游乐场，这里有着很多不为宝贝所知的危险——锋利的刀具、滚烫的热水、可怕的煤气等。所以家长一定要耐心地告诉他们不要在厨房玩耍，如果效果不佳，不妨更换一些厨房用具，让厨房变得安全一些。孩子即使在家中玩耍，大人也要紧紧跟随，眼光要时刻盯住俩宝。

对于有着两个宝贝的家庭来说，安全是绝对不可忽视的问题，即便在家里也不可掉以轻心，须要耐心、细心地对待每一件事，请谨记。

（郭佳）

家有俩宝，外出更要注意安全

在有两个宝贝的家庭中，外出无疑是个大阵仗：抱着两个孩子的家长，拿着必备衣服的家长，拎着食物的家长，等等。家长们必须各司其责才能顺利出行，而外出的安全问题也是家长们最为担心的问题。

2015 年我国的扶梯事故频发，而家长带孩子外出难免会遇到需要搭乘电扶梯的情况，正确的做法应该是家长把孩子抱起来搭乘，以免孩子因为不知道电扶梯的危险而受伤。而且，根据电扶梯的搭乘守则，婴儿车是不允许推上电扶梯的。所以，有两个宝贝的家庭外出时，不能由一位家长单独带两个孩子搭乘电扶梯，至少应当有两位成人在场。

目前，城市中半数以上家庭的住房是需要搭乘电梯上下楼的，有很多家长为了满足孩子，会让孩子来按楼层按钮。但电梯门对宝贝而言是危险的，孩子年纪还小，对会动的物体充满好奇心，他们意识不到电梯门会夹住自己。当家庭中只有一个宝贝时，家长可以拉紧或抱住他，并告诉他电梯门的危险。但当两个宝贝同时搭乘电梯时，很容易打闹起来，不理会家长在嘱咐些什么，此时一定要想办法吸引他们的注意力，把应掌握的避险知识反复教给他们。

孩子与家长一起外出时，要更加注意平等地对待两个孩子，不能有待遇差别。2015 年 7 月，一个男孩因为父母更偏爱弟弟而自导自演了一场被绑架的戏码。案件中的大宝认为父母只爱二宝，好吃的都先给二宝吃，二宝的所有要求都会满足，为了吓吓父母大宝便借口买东西外出，再假装绑匪给家里打电话索要赎金。虽然这一闹剧很快就被警方识破了，可却暴露出父母给两个宝贝待遇不平等而引发危险。面对这种情况，家长不能用打骂来解决问题，一定要耐心地和大宝谈话，让他知道父母对他们的爱是一样的，只是因为二宝的年龄比较小，需要多照顾一点，才会让大宝产生被不公平对待的错觉。父母一定要承诺今后会更加注意方式，也要求大宝保证不再用这么极端的方式来解决问题。

对所有的家长而言，人贩子是他们最为痛恨的对象，如何防范人贩子也成为家长们最为关注的安全问题。对于有两个宝贝的家庭而言，对人贩子的防范更要加强，因为人贩子最擅长的就是声东击西，很容易让带着两个宝贝的家长顾此失彼。对此，家长可以选择防走失背包等工具来解决一些麻烦，但一定要注意不要让孩子离开自己的视线。在爷爷奶奶照看宝贝时，一定要把宝贝牵紧抱牢，不给人贩子可乘之机。由于拐卖儿童案件频发，家长通常会教育宝贝："不要告诉陌生人你叫什么名字，也不要告诉陌生人你的爸爸妈妈叫什么名字。"这种教育方法是对的，但一定要告诉宝贝，危急时刻可以向警察求助，警察是保护你安全的人，可以信赖。

如今我们除了日常收听的广播节目外，最常听到的便是商场、游乐园、海滨乐园等地播出的寻人广播，而其中很大一部分是寻找自家宝贝的。需要注意的是，家长们在使用广播寻找宝贝之前，是否告诉过宝贝什么是广播寻人呢？宝贝他（她）懂吗？"来自××的小朋友某某，你的家人谁谁在某处等你，请你向身边的工作人员寻求帮助。"这样的广播内容相信大家都不陌生，家长在宝贝的日常教育中，一定要告诉他如果在公众场合走丢了，不要慌乱，要注意听广播，及时知道家长在哪里等自己，如果找不到集合地，可以向身边穿着工作服的工作人员或警察求助（在平时出门时要教会宝贝如何辨认工作人员和警察）。对于有两个宝贝的家长，除了以上要告诉宝贝的注意事项之外，还要着重叮嘱大宝："如果出现大宝和二宝一起走失的情况，一定要牵紧二宝的手，因为你是大孩子，要照顾弟弟妹妹，等待爸爸妈妈来找你们。"一定要反复强调的一点就是，家长在带着3岁以下的孩子出门时，绝对不能让孩子离开自己的视线。因为孩子太小的话连紧跟家长的能力都有限，广播寻找对宝贝有点太难了。千万不要因为一时疏忽造成不可挽救的遗憾，请家长们谨记！

随着社会的发展，儿童安全问题也是层出不穷，家长带着宝贝外出需要注意的事情也越来越多，对于有两个宝贝的家长而言更甚。家长只能多加防范，防患于未然。

（郭佳）

人生的第一堂课

教育的对象是"人"

教育的对象是"人"，这一点就决定了教育学的无上难度。迄今为止，我们对"人"的研究到达哪一步了？生理方面就不说了，大脑神经研究、医学研究、体育运动研究……谁敢说穷尽人体奥秘了？心理方面呢，那更可以说是比宇宙还要深还要广的奥秘了，智力、情感、意志、兴趣……每一个领域拿出来都可以是洋洋洒洒万言而止不住。那么，既然研究都还没研究透，又该如何教育？

我想，可以明确的是，既然孩子是一个"人"，就势必不能拿他当宠物，当机器，当然更不能当牛马了。对于家有俩宝，岂不更是如此。

对孩子好吃好喝伺候，事事包办代替，骄纵惯养反以为美，这是典型的把孩子当宠物养的心态，不考虑他是否能成长为一个心智完全、成熟的人，不考虑他未来是否有能力去承担社会责任。

希望自己一发话，孩子就无条件遵守；分分钟时间都替孩子规划好；容不得孩子犯一点错，容不得孩子有一点自由发挥，这是把孩子当机器养的心态，忘了人之所以为万物灵长，正是因为人的自我驱动、自主成长。

动 力

那么，究竟怎样才是把孩子当"人"来对待？首先要解决一个动力问题。人不止需要物质能源，更需要精神能源，也即精神动力。拥抱、亲吻、游戏、嬉闹，都是在用爱和欢乐来给孩子"加油"，提供重要的精神能源。这也是为什么说良好的亲子关系是孩子向外探索世界的大本营的原因所在，它令孩子以充满精气神的状态来应对外界，帮助孩子学会如何与更多的人进行互动。

另一方面，我们还要教会孩子学会与世间万物进行联结和互动。这需要我们带领孩子感受万物的美，体会各种做事的乐趣。从涂鸦、玩沙、玩水、堆积木，到阅读、画画、弹琴、编程、滑雪、探险，一旦孩子能感受到探索的乐趣，那么我们只要再给他一幅地图，他就能自我驱动着去"寻找宝藏"了。

世间为什么存在哲学、文学、艺术这些"无用"的东西？无用之用，是为大用。这可能是近两年我体悟到的最深感受之一，也令我们更愿意花时间与孩

子下棋，和孩子讲笑话，陪孩子读书、旅游、聊天等。因为这些看似"无用"的过程，虽然没什么太多看得见的结果，但一定会有着比"看得见"还要好的东西，最少，孩子在收获"动力"！人生的修养是不可能靠"文化快餐"消费来获得的。

坚 持

有了动力，接下来还有一个事关"坚持"的问题。热情与兴趣，若不加以培养呵护，都是易逝之物。如果没有坚持为目标而长期努力的能力，成功也终将是水中之月。

斯坦福大学心理学教授卡罗尔·德韦克多年的跟踪观察研究发现，比起智力、学习成绩或者长相，坚毅是最为可靠的预示成功的指标。而一个人是否拥有坚毅的品质，从源头上讲，可能会跟他的思维模式有关。

人对自身的能力都有一个基本的看法，一种是"僵固型思维模式"，一种是"成长式思维模式"。前者倾向于认为人的能力无法改变，而后者则是"能力渐进论者"。持"成长式思维模式"的人，更敢于探索未知的领域，也在面对困难的时候更不容易放弃。他们不怕错误和失败，因为反正哪里也不是终点，"我的能力还在随时提高"。

那父母要如何培养孩子的"成长式思维模式"？这取决于长期以来，你对孩子的行为进行怎样的反馈。当孩子做得好的时候，要多加赞许他的努力，如实回顾整个过程，而非泛泛夸耀他的天生聪明。当孩子遇到挫折和失败的时候，同样如实描述过程、分析内外因，而非简单粗暴地责骂他的愚笨。

当挫折和失败来临的时候，要意识到这就是塑造坚持力的最好时机！鼓励孩子"不要在感觉糟糕的时刻结束"，但不要用强硬的手段逼迫他。仍然是别忘了，孩子是一个"人"，首先要无条件地接纳他所有的感受，帮他回忆以往的努力和成功经验，协助他构建积极、正面的自我形象，然后在执行层面去推动他，和他讨论如何从策略上、方法上或其他细节上进行调整和改进。

创造力

创造力，或者创造性思维，多年以来既受教育界的追捧，同时也遭受着普遍的误解，很多人几乎就把它等同于发散思维。"给你一个圆，你可以把它变成什么？""一根绳子有几种用途？"……似乎只要越是奇思怪想，就说明拥有越好的创造性思维。

但是，我们放眼全球，每一个划时代的创新——从核能、互联网、纳米技术，到虚拟现实、机器人、无人机，哪一项的发展是不需要深厚的领域知识、强大的计算能力、卓越的逻辑架构等这些看起来非常传统的能力基础？其实，创造力应该翻译为"解决新问题的能力"。时代翻新之速度越来越快，人类从未面临过的新挑战、新问题层出不穷，谁能解决，谁才是拥有真正的创造力！

那么，解决问题的能力又从何而来？除了积累知识和技能外，发展自主思考能力可谓是核心的核心。什么样的活动最能激发孩子的自主思考？一定是自由度大、变化丰富的那类。所以莫小看玩沙、玩水、玩积木，在这些没有规定路径的活动中，孩子必须思考从哪里开始，目标是什么，要不要与人合作，如何合作。对于学龄孩子，这个活动则可以是一个调查项目，他要经历类似的过程，从头开始规划、找资料、分析、整合、制作、展示。在这种自由的过程中，孩子时时刻刻都有可能突破他的既有经验，创造新的经验。

因此，大人要尽量节制自己安排孩子、给孩子答案的欲望，留给他充分自主思考、自主创新的空间。

懂孩子，还要懂自己

其实，说一千道一万，要真正把孩子当"人"看，还蛮难的。究其原因，我们大多数人，自己从小也缺乏被当作"人"的体验，如今也不知该如何与真正的"人"相处。压制与被压制、针锋相对、赌气、任性、隐瞒、说谎、阳奉阴违、说一套做一套……这些，我们也许更熟悉。

要想把孩子培养成"人"，是不是自己首先得设法完善成"人"？

你虽然是大人，但你是不是如任性的孩子一般，想发脾气就发脾气，并不太尊重别人？更糟糕的是，作为大人，你可以滥用的权力要比一个孩子大得多，至少相对于孩子，你拥有天然的强势与权威。

你虽然是大人，但你是否是个好榜样？在孩子的眼里，你每天是更多地在积极工作、读书、思考，还是更多地在打电子游戏、看电影、捧着手机聊天？

你虽然是大人，但你在面对困难和麻烦的时候，是否容易退缩或推脱责任，使孩子没法看到自己的父母从失败中崛起，从而失去学习的机会？

人类的大脑里，有一种镜像神经元，使得人类能够在头脑中模拟别人的动作，体验别人的情感，理解别人的意图，从而拥有强大的模仿和同感能力。因此，在教育孩子的路上，请一直记得，身教的力量远远大于言传。

（荷生）

孩子如何理解爱

　　奶奶说她给二宝换裤子的时候，对着大宝依依说："你看看你弟弟的裤子这么肥，穿着挺舒服，而你总穿那么紧那么瘦的裤子。"谁知依依说："因为妈妈爱弟弟呗，给弟弟买肥的裤子。"其实真实情况是，依依只穿紧身的裤子，买了运动裤也不穿，说不喜欢，自此妈妈给依依买的裤子都是紧身的。这样的事情不止发生一次，依依和弟弟在一起玩，弟弟无缘无故就打了妈妈，爸爸看到后，拍了弟弟的屁股一下，也警告弟弟不能随便打人，然后奶奶问依依："你爸爸为什么打弟弟？"依依说："因为爸爸不爱弟弟呗。"如果一般孩子都会说因为弟弟打妈妈了，可是每次遇到这种问题，依依都会把"爱"当作理由，这种行为背后折射了什么？

　　由于孩子的年龄小，生活经验较少，心理特征也与成人不同，使得他们的想法在大人看来，常常是不正确的。案例中依依在解释自己或弟弟与父母的互动时，总是把"爱"当作唯一的理由，这并不是孩子的想法过于偏激，而是孩子自身认知发展阶段的局限性，以及父母为其营造的家庭环境和养成的沟通习惯造成的。做父母的不应该总是从成年人的角度出发去理解孩子的想法或行为，而应该了解孩子的认知发展特点，检视自己平时与孩子相处和沟通的模式，从而引导孩子用正确的方式去理解周围的人和事。

对于孩子的想法大人要将心比心

孩童受其年龄的限制，思维特征与成年人有很大区别，不同的年龄阶段在认知上也各有特点。做家长的应当充分了解其认知发展规律，以免误解了宝贝们表达的意思或由于错误的引导造成孩子对事物的认识产生偏差。

一般来说孩子的生活经验有限，所以他们只能以极少的经验去解释大部分的事情，而且他们常常从独特事件推测所有事件。案例中的

依依总是用爱或不爱来解释爸爸妈妈的行为，一定是由于在过往的生活经验中，父母在和小宝互动时经常把爱挂在嘴边，例如惩罚小宝时喜欢说："你再这么淘气，爸爸妈妈可不爱你了！"因此孩子会将两件不相关、恰巧同时发生的事情结合成因果关系，觉得爸爸打弟弟，一定是因为爸爸不爱弟弟了。

有时候，孩子因为恐惧、嫉妒等心理，又受限于经验的不足，难免会对事情有错误的解释。家长应当学会洞悉孩子语言背后的心理特征，及时消除孩子心中的疑虑，以免造成将来孩子社会认知上的偏差。例如依依那么武断地认为妈妈爱弟弟，爸爸不爱弟弟，是否是因为她在内心深处并没有完全接纳小宝的到来呢？发展心理学家认为，3～6岁的孩子还处在自我中心或无差别知觉的社会认知阶段，这个阶段的儿童无法了解自己与他人观点是存在差异的，并且只能通过具体的外部特征——他们的外表是什么样、他们在做什么、他们有什么等——来判断他们所认识的人。如果依依没有将小宝作为家庭的一员而接纳他、爱护他，那么轻易地表达爱或不爱也就可以理解了，并且受认知发展阶段的限制，她也会简单地认为爸爸妈妈的想法和她是一样的。

正确表达爱

天下没有不爱自己孩子的家长，但是表达爱的方式也很重要。爱不仅仅是一种态度，更是一种能力。对孩子来说，父母的爱如同孕育生命的太阳和水一样重要，尤其是有两个或多个孩子的家庭，如何平衡对孩子们的爱更是一个重要的课题。美国心理学家弗洛姆说："爱同我们掌握其他艺术一样，是需要学习才能掌握的。"很多家长可能觉得爱是简单的，只要发自内心就行。然而，实际上可能往往并非如此。

要给孩子理智的爱。有些相对年轻的父母，在对待孩子的关系上，往往缺乏应有的分寸感，对孩子姑息迁就，任其发展。依依的妈妈因为依依不愿穿运动裤，就只给孩子买紧身裤穿，也许她认为这是对孩子的爱，殊不知在孩子眼中，这种行为偏偏造就了自己和弟弟的不同，进而理解为妈妈只爱弟弟。父母要把爱护和严格要求结合起来，区别爱和溺爱的界限。苏联著名教育家那卡连柯的《父母必读》一书中有这样一段话："理智应当成为家庭教育中常备的节制器；否则，孩子们就要在父母最好的动机下养成了最坏的特点和行为了。"在有两个或更多孩子的家庭中，溺爱还会产生双重危害，不但宠坏了被溺爱的孩子，更引起了另一个孩子的嫉妒和怨恨，所以孩子的父母应该克制自己在表达爱时不够理性的情感，避免无益的纵容。

不满意孩子的行为时，换一种表达方式。有些父母喜欢用爱作为威胁孩子的理由，长此以往，孩子对爱的理解可能产生偏差。如果孩子一犯错误就上纲上线到"不爱孩子"，那孩子必然把爱这份深沉而伟大的情感看得无足轻重。爱孩子并不是说不能对他们进行处罚。不过，对待处罚之类的事情时，态度一定要冷静。

管教之后是沟通的最佳时机。孩子不恰当的行为受到父母的管教之后，他反而会对父母做出亲昵的动作，这时父母应该张开双臂欢迎他。这时，父母说的话孩子也容易听进去，要告诉孩子，父母是爱他的，但是父母不喜欢他的不恰当行为。

把爱的机会还给孩子。一个人在被他人需要时，才能感受到自己的价值。依依对爸爸和弟弟的互动解释有偏差，也许是因为她并没有从心底里接纳弟弟是家里的成员之一。如果父母平时能够让依依也参与到对小宝的养育过程中，培养依依对弟弟的爱与责任，那么大宝理解爱的含义时就会更加感同身受了。

（伊丽奇）

给孩子一个幸福的起点

放开二孩政策一出，立刻有好事者计算出了"养二孩需要多少钱"：从怀孕生产费用，到奶粉、衣物、玩具等生活花费，再到幼儿园、学费、补习班等教育费用，甚至还算上了婚恋嫁娶费用，总计十几万到几十万到几百万不等。最后言之凿凿地得出结论：没有钱，你就别想生二孩了！

那么，生养孩子难道只能用金钱来衡量了吗？有钱就有资格生二孩，没钱就只能老老实实养一个孩子了吗？其实，相比钱而言，更重要的是你是否有能力给孩子一个幸福的起点。

诚然，你可能想通过不断的物质付出给孩子创造幸福，可能会细心保护孩子远离不幸，也可能会用心去教给孩子体验幸福的能力……而事实上，你无法无止境地给孩子提供物质满足，也没法时时刻刻保护孩子不去面对不幸。只有教会孩子体验幸福，把获得幸福变成孩子所具有的一种能力，并且能够通过每一次的幸福体验来增强这种能力，才是让孩子拥有一个幸福人生的根本。

实际上，孩子拥有与生俱来的感受幸福的能力。为人父母的我们都有这样的经验：宝宝小的时候，无忧无虑，经常会因为非常简单的事情就开心地笑个不停。德国电视台一项关于孩子幸福指数的调查研究表明：在 6 岁的孩子当中，认为自己非常幸福的比例占到了 57%。但是在 13 岁的孩子中，这个数字只有 25%。可能是因为随着成长，需要面对的问题增多，包括学习生活中的考试压力、越来越少的自由时间和空间，以及青春期的来临等，逐渐降低了孩子们的幸福指数。

作为家长，我们当然想要孩子幸福。那怎样才能教给孩子体验幸福的能力呢？或者说，怎样才能让孩子更幸福呢？

我把下面几句话送给孩子和家长朋友们：

★孩子需要大人的爱和赞赏，这样他们才会有存在感和安全感。

★孩子需要得到大人的信任，这样才能形成自信。

★孩子需要玩耍的空间，和同龄的小朋友在一起，而没有大人的参与。这样，孩子能够通过游戏的方式了解和学习生活，而不是通过成人的讲述和说教。

★孩子需要想象的空间，在想象的空间里可以随心所欲地去幻想、虚构和思考。

★孩子需要活动空间，可以自由地活动、游戏。

★孩子需要动手活动，让他们保持好奇心并发现学习的乐趣。

★孩子在一定程度上需要私密空间，需要保守秘密。

★孩子需要时常和同龄的小朋友聚在一起，在同伴交往中经历社会化的过程，并且寻找一生的挚友。

★孩子需要接受任务，通过完成任务来学会承担责任，并在这个过程中成长。

★孩子有时也需要严厉的、提出高要求的大人，也就是教育者为他们解释并开拓生命领域中的一些奥秘。

上面提到的很多条，我们肯定已经在有意或无意中给予孩子了。另外，虽然我们会尽力呵护孩子的成长，但也无法为他们避免每一次的失望、失败、劳累和痛苦。所以我们也要培养孩子在生活中克服失望、失败和悲痛经历的能力，让孩子明白，在生活中要坚强，即使面对不幸也可以继续拥有幸福。你要告诉自己和孩子：

★不幸也属于生命的一部分，就像其他经历一样会不期而遇。

★你有权感到不幸，并且表现出来。

★你可以给我讲述你遭受的不幸，并告诉我为什么，我会安慰你。

★你可以为遭受的不幸而生气，可以反抗，还可以奋起自卫。

★等你在我的帮助下变得足够坚强时，就可以克服不幸了。

★当不幸离开了你，你要尽快结束感到不幸的想法。

★你可以请求帮助。

★你可以在不幸中学习、成长。

★你应当重新把目光放到让你感到幸福的事物上去，因为你本身就是一个小小的幸运儿。

如果孩子能够学会这些，并在遭遇不幸时有意识地体会和接受它，那么他不仅能克服不幸，还能够寻找到真正的幸福。当你具备塑造孩子的幸福感的能力时，再抚养二宝就一定得心应手多了。

（李睿）

二胎时代

前不久看了一部电视剧——《二胎时代》，说的就是家有二宝的故事，印象最深的是由于二宝小弟弟的出生，主人公 4 岁的姐姐一反常态出现很多意外的要求，随之而来的是给年轻的妈妈带来一系列的困惑和无奈。

老大这是怎么啦？

"妈妈，我也要用奶瓶喝水……"

"妈妈，今天我要和你睡……"

"妈妈，你喂我吃饭……"

不知这些话妈妈们是个是特别熟悉，这是从一个已经 4 岁的孩子嘴里说出的话。本已经能够自己的事情自己做的老大，自从有了小弟弟后，隔三差五就会这样来一出。如果满足了她的愿望还好，如果没有满足就会发生各种让人不解的事情：明明已经能够自己独立大小便的孩子，会将大小便拉在裤子里。

面对老大这样"诚心"捣乱的行为，妈妈们会感到无奈、困惑、生气、懊恼……

有些妈妈会对孩子进行指责或批评，有些妈妈忍不住抱怨，结果不见起色，反而情况更糟。

类似这样的事件会经常在二孩家庭中发生，这到底是怎么回事呢？难道老大越大越不懂事吗？

解析大宝出现倒退行为背后的原因

作为老大，原本是得到父母全部的关注，但由于弟弟妹妹的出生，父母对老大的关注度无形中减少了很多。老大想要重新获得妈妈的关注，在他自己的观察中发现在小弟弟吃奶或换尿布时，是妈妈最关注的时刻，所以他错误地认为只有像小弟弟这样需要大人喂奶，将大小便拉在裤子里，妈妈就会对他给予关注，于是就有了之前的倒退行为。

作为父母，我们只看到孩子外显的行为，也就是将大小便拉在裤子里，面对这样的倒退行为，家长会认为都这么大了，还出现这么低级的问题，肯定是故意的。有些家长就会开始批评或用指责的方式来处理。这种不恰当的方式，并没有真正了解孩子行为背后的原因——

想得到大人的关注。

当我们了解到老大这一需求后，家长可以采用下面的方式来给予老大关注：

1. 特殊时光：每天给予老大个人专属的陪伴时光，父母的陪伴可以让孩子重新感受到父母对他的爱和关注。

2. 认同感受：告诉孩子，妈妈知道你想让妈妈陪你玩，妈妈也爱你。让孩子确认妈妈的爱，只有一个确认了父母之爱的孩子，才会有一个宁静的内心世界，才不会想各种办法来反复确认自己在父母心中的地位、跟弟弟妹妹争宠。

3. 鼓励孩子，给孩子以价值感：父母要善于从正面强化孩子的行为。孩子在很多场合下，还是很配合妈妈、很懂事的，妈妈不妨多鼓励孩子，让他们体验到做老大的价值感，可以这样说："姐姐可以自己做这么多事情，真能干！""弟弟有你这样的姐姐，妈妈都替他感到高兴！""你能这样跟弟弟分享，真不容易，妈妈为你骄傲！"，等等。一来这样可以强化她既有的好行为，唤起她做姐姐的责任感，二来可以让她看到自己的闪光之处，积累内在的力量，一个内心强大的孩子，不会轻易怀疑自己。

4. 创造机会让大宝参与二宝的抚养工作：妈妈可以有意让哥哥姐姐给自己做小帮手，比如，逗弟弟妹妹玩、给弟弟妹妹喂奶、帮弟弟妹妹拿鞋子之类的，这样，既不会让孩子跟妈妈拉开距离，又让他体验到了自己的价值和作为哥哥姐姐的自豪感、责任感。我们对于自己投入心血的对象，总会多一分情结和包容，相信大宝也会在付出的过程中找到作为哥哥姐姐的快乐。

最后，父母还应该给大宝适应的时间。二宝出生后，不能期待大宝在很短的时间内就能接受弟弟妹妹，四五岁的孩子本身就处于自我中心、线性思维时期，大部分时间能配合妈妈已经不错了，对此我自己也深有体会。我是在多子女家庭中长大的，身为老大，小时候我就有些嫉妒妹妹，认为母亲偏爱她，为此经常有意无意地伤害她、欺负她，但随着年龄的增长，我和妹妹的感情越来越深，对母亲的所谓偏爱也没有概念了。只要父母本身能处理好俩宝之间的关系，随着时间的推移，大宝终会顺利接纳二宝的。一旦接纳之后，原来的矛盾摩擦也变成了浓浓的亲情。所以父母要真正了解孩子内心的需求，这样才可以处理好养育俩宝时的困惑和挑战。

（茉莉）

两个孩子的教育经验不可一模一样

越来越多的家庭选择要二孩，出于各种考虑，一般情况下夫妻都会和祖父母沟通，首先解决的问题大多是孩子出生后，由谁主要负责照顾孩子，当这个问题达成一致后，夫妻俩可能就开始备孕工作了。其实，大家忘记了最重要的一个人——大宝，当家里再增加一个成员后对大宝的心理触动是最大的，因为毕竟成年人在选择要二宝前就已经做好了心理准备，而大宝却无法预期二宝的来临会给他的生活带来怎样的改变。

所以，我们在处理这个问题的时候，应该处处考虑到大宝。

确定要二宝了，要直接告诉大宝

无论俩宝年龄差距有多大，都要告知大宝家庭里要多一个成员了，即使大宝很小，还不太明白，那也要告知，不能忽略。如果年龄差距较大，通过沟通使大宝感觉到自己被尊重，这对将来二宝的到来也是有很大好处的。很多五六岁的大宝，很排斥父母跟他谈论这个问题，这是因为此时的大宝处于敏感而又懵懂的时期，很多事情似乎明白了，但心里又无法接受，这时候一定要经常沟通，要多列出二宝到来后会给这个家庭，特别是大宝带来怎样的欢乐。

有了二宝，不能忽略大宝

不能忽视大宝是极其重要的。一般情况下，家里有了二宝，由于精力有限，大家可能会更加关注二宝，毕竟二宝太小，而且这时候很容易产生错误意识，就是认为大宝是大孩子了，应该懂得体谅与理解。其实，此时可以换个角度思考，如果没有二宝，这时候我们又会怎样对待大宝呢？肯定像宝贝一样捧在手心，原谅他这个年龄会犯的一切错误。但有了二宝后，有些父母会把大宝的错误放大，不经意间就把大宝的责任加重了，让大宝感觉到爱的失衡，这对大宝的心理会造成很大的影响，甚至影响大宝和二宝的关系。

两个孩子的教养经验不可一模一样

可以说世界上没有哪两个人会是一模一样的，即使是双胞胎，性

格也不会完全一致，所以在孩子教育与养育的方法上，也不要偷懒，用养大宝的模式去养二宝。举个小例子，我家大宝是女孩，相对于其他的女孩来说比较文静，喜欢看书，喜欢玩过家家；二宝是男孩，在8个月后就展现了他的调皮捣蛋能力。我一开始认为是因为大宝主要由我带的，二宝主要是由老人带的，才会有这么大的差距，我就想改变二宝的一些状态。先从看书开始，我先故意和姐姐一起读书，因为二宝特别爱学姐姐，可是读书这件事，他根本不想学，无论我采取什么方式，他不会看一眼书的，给他就会扔掉。从这样一件小事上，就能看出，教育不可复制，每个孩子有各自的特点，一定要因人而异。

俩宝有自己的相处模式，家长不要过于干涉

对于这个问题，家长不必以一副过来人的高度看孩子，我们也是从孩童时期成长到今天的，小孩子间也有一些规矩，他们会以自己的方式处理问题，家长可以引导孩子如何相处，如何减少矛盾，但是一定不能过于干涉。当孩子有矛盾时，不要害怕孩子不和睦会不会影响到将来的感情，其实都过于担心了。这不是一件坏事，反而还能让孩子很早就接触人际交往的方式，这对孩子来说也是一种成长。遇到这种问题，父母可以引导孩子找到解决方法，让孩子在解决矛盾中学习解决复杂问题的能力。

（邵梦）

鼓励俩宝缺一不可

我家的组合是姐姐和弟弟，姐姐现在 2 岁 8 个月，弟弟刚满周岁。和所有有孩子的家庭一样，我上班后孩子跟着老人特别好哄，但当我下班回家后，俩孩子的各种奇怪行为就频出。

有一天，当我下班回家后，弟弟先看到我，然后就"哼唧"着让我抱，这时姐姐跑出来也喊我，在我和姐姐打招呼后，孩子的爷爷奶奶正跟我述说弟弟今天发生的事情时，姐姐突然把小书架推倒了，书架上的东西撒落一地。当时的我真是火冒三丈，但我控制着自己的情绪，因为我认为姐姐已经具备认知能力了，她应该知道什么行为是对的，什么行为是错的，她这样做肯定是有原因的。

我走到姐姐身旁，故意生气地压低声音质问她："为什么要把书架推倒？"姐姐的眼神已经告诉我她就是故意的。这时，姐姐忽然抱住我，说："妈妈，对不起，我下次不会了，再也不把书架推倒了。"当我听到她说了那一番话后，更加确定她其实是知道自己刚才的行为是不对的，可她为什么还要那样做呢？

我实在很想弄清楚她在想什么，便问她为什么明知道错了还要推倒书架，她回答说："因为我想让妈妈看我，看我有多棒，我的力气能推倒书架，我今天在游乐场就这样表现得特别棒！"她说这些话的时候，脸上洋溢着自豪的笑容。

我不知道姐姐今天发生了什么事情，但我已经了解到她是因为我把注意力都集中在弟弟身上，只听爷爷奶奶述说弟弟的事情，而没有关注到她。事后，我听奶奶说她在游乐场因为做游戏得到了很多小红花，这对她来说是特别的一天：因为这是她第一次得小红花，也是第一次在那里做集体游戏，也是第一次在那里参加竞技比赛，今天发生了太多的第一次，可是我却不知道。

当了解了事情的全过程后，我就明白了姐姐行为的缘由。在我回

到家后，姐姐和弟弟都想告诉我他们的一天，虽然弟弟不会说话，可爷爷奶奶在替弟弟说，这时的姐姐应该是觉得自己的"优秀"被忽略了，或许会被弟弟的搞笑事件所替代，所以她就采取了这种类似于在游乐场比力气的办法让我注意到。但看到我生气时，姐姐意识到一定是因为她推倒书架的原因，所以赶紧向我道歉，这样同时也达到了她的目的——把我吸引过去。

其实自从老二也开始具有自我意识后，经常因为我的注意力集中在某一个孩子身上而引起另一个孩子的不满，这是让我比较头疼的事情。但是孩子的这种行为，并不是他们自私的表现，只是孩子开始具有自我意识了。

这件事发生后，我庆幸自己没有情绪失控，没有大声批评姐姐，而是让姐姐把内心真实的想法表达出来。其实很多时候，当我们用成人的思想去考虑孩子的时候，就是一个错误的开始，对于一个和弟弟相差不到两岁的孩子来说，她所希望父母能看到的是她的优点，她希望得到肯定。即使她犯了错，妈妈的柔声细语绝对比大声呵斥更有渗透的力量。

她只不过想对父母说：看看我有多棒！

（邵梦）

如何向俩宝解释他们的性别差异

几乎所有家长都会被孩子问到性别差异的问题，但是由于孩子的年龄及家长对这个问题的态度不同，所产生的答案自然也不尽相同。

依依在第一次看到弟弟的生殖器官时很诧异，指着它问我："妈妈，这是什么啊？我怎么没有？"对于这个突如其来的问题，我也有点惊慌："这是弟弟用来尿尿的器官，你的和弟弟的是不一样的，这是因为你是女孩儿，弟弟是男孩儿。"说完后，我生怕她继续问一些我更不知如何回答的问题，而她之后也没问其他问题，我当时就很庆幸，一旦问出更夸张的问题，我该如何回答呢？虽然当时依依不再问这方面的问题了，但是从此之后她就对弟弟的生殖器十分感兴趣，大人给弟弟换尿不湿时，如果被她看见，她就会捏一下，如果俩人一起洗澡，她也会先捏一下，因为她的年龄正好是两岁还不到三岁，对任何事物都是好奇的，她渴望去了解。事后想一想，无论对于一孩家庭还是二孩家庭，无论对于家中的两个孩子是同性别还是不同性别，这些问题总要面对，只是早晚问题。相对地，两个孩子年龄差距小的，且性别不同，会更早面对这个问题，而其他情况的孩子，可能会晚一些去了解，但真正面对时又该如何处理呢？

有些家长认为能逃避就逃避，等到了一定年龄再说，而有的家长却认为应该坦然面对，儿童专家凯瑟琳娜·贝克认为，孩子的任何一个问题都不该回避，要尽可能坦白地回答，隐瞒的结果是无知和好奇。如果告诉了孩子实情，这样一来，他们虽然开始好奇着，但是随着孩子的成长，他们会不断地纠正自己。

幼儿时期是孩子个性、气质、性别意识养成的一个关键阶段，对于那些对性别已有较清晰认识的孩子，应该注意培养幼儿的性别意识。如果在幼儿期不对孩子进行性别意识的培养，可能就会影响孩子的身心健康，甚至个别孩子还会出现性别行为和性别角色的异常反应，如幼儿时期的性别倒错、攻击异性等。所以当两个孩子性别不同时，孩子产生这样的疑问，家长更应该借此机会帮助孩子培养一个正确的性别意识。

首先，父母可以借此机会对孩子进行性别辨认依据的培养。可以

从男女的外在特征去辨认，如头发长短、衣服花色等，但对于两个孩子不同性别的家庭，就可以从生理特征进行性别辨认，应该明确地告诉孩子：生殖器官和我们的眼睛、鼻子、心脏一样都是人体不可缺少的器官。孩子是天真无邪的，较早地让他们知道一些性别知识，要比他们懂得了害羞，懂得了成人的忌讳之后，才去自己琢磨要好得多。

同时，性别角色的认同也非常重要。从心理上讲，一些青少年就是因为性别角色混乱，没有找到自身性别角色的社会定位，才造成同性恋倾向的。因此，从幼儿开始，父母是一个绝好的性别角色榜样，孩子可以从妈妈身上认识女性角色，从爸爸身上认识男性角色，从父母身上发展对异性的信任，所以爸爸妈妈一定要注意自己身上的性别特征，这对孩子的影响是终生的。两个孩子若性别不同就更有助于了解性别的差异，若两个孩子性别相同，则还要注意多带孩子们接触不同性别的伙伴，让孩子了解同龄人中性别的差异。

（邵梦）

带着俩宝读绘本

绘本最大的特点就是图画占据主体地位，这可以给刚开始学习阅读的宝宝一个轻松的起点，避免了文字阅读沉闷，以免打击宝宝阅读的热情。而从家长和幼儿园老师的角度来说，想要激发孩子对阅读的兴趣，一定要给孩子提供有具体意义、形象、生动的阅读材料，以图画读物为主，以看、听、说有机结合为主要手段，从兴趣入手，才能萌发孩子对图书的热爱，丰富孩子的阅读经验、提高阅读能力。从这个角度看来，绘本确实是非常好的早期教育材料，它可以让孩子更容易、更直观地认识书中所讲的事物、体会书中所描述的各种情感。

绘本的优点是我们有目共睹的，而且绘本的阅读方式丰富多样，同一本书，采取不同的方式、通过不同的角度，可以读出不一样的感受。那么，带着俩宝读绘本，怎样才能让宝宝收获更多，挖掘出绘本更大的价值呢？下面我就和大家一起来学习几种引导宝宝读绘本的方法。

阅读体验式

《寻着脚印回家》是一本充满了浓浓亲情味的绘本。这类亲情类绘本里所讲的父母、家人间深深的爱都和孩子的生活息息相关，因此

《寻着脚印回家》内文

遇到这种类型的绘本时，可以让孩子从书中的故事里找到自己和亲人的身影，更好地体会书中所描述的感情。

表演参与式

很多绘本语言生动幽默，故事简单，画面可爱。家长陪宝宝读这类绘本的时候，应该尽量使用夸张有趣的语气和肢体语言。稍大一点的宝宝，则可以采用"表

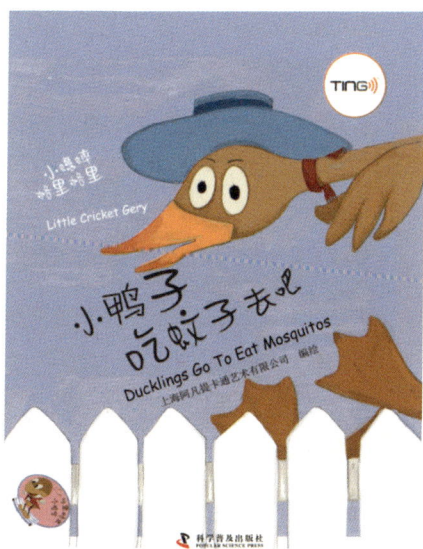

《小蟋蟀格里格里》系列绘本之《小鸭子吃蚊子去吧》封面

演参与式"，也就是让孩子扮演书里的某个角色，让他 / 她去揣测这个角色的性格、习惯等等，模仿这个角色的语气、手势甚至肢体语言，这对于促进孩子的认知能力发展很有帮助，这种方法非常适合几个同龄的孩子一起，边读边玩，动手动脑、体验品析。

猜测质疑式

随着孩子阅读量逐渐增大，他们有了自己的想法或主见，一些故事性的绘本便可以采用"猜测质疑式"方法，让孩子们边读边猜、边猜边想，有的还可以干脆"结局重构"。在这个过程中孩子兴趣盎然，乐此不疲；家长则可以趁机培养孩子的创新意识。《小企鹅与小冰山》就是这样一本故事性很强的科学绘本，可以让孩子在阅读的过程中去猜测小企鹅和小冰山这两个小主角的故事会怎样发展。

《小企鹅与小冰山》内文

看图说话式

很多家长在刚刚接触绘本的时候，可能会有这样的疑问：书里怎么就这么几个字？这么少的字，值这么多钱吗？殊不知，这正是绘本的一大优势。没有了文字的限制，家长可以引导孩子进行"看图说话"训练。"说话"是人们赖以交际和沟通思想的最常用、最快捷的工具，而且孩子们的想象力极其丰富，敢想敢说，充满了童真童趣。鼓励孩子根据画面上他们看到的东西去说话、讲故事，既可以培养孩子的说话能力，又是社会交际发展的需要，甚至还可以为日后读写能力和思维的发展奠定基础。

《小蟋蟀格里格里》系列绘本之《小猪说梦》内文

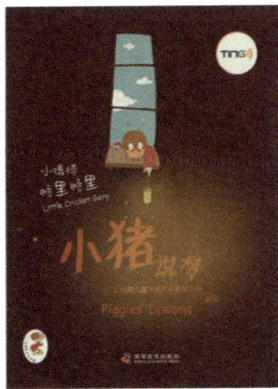

《小蟋蟀格里格里》系列绘本之《小猪说梦》封面

情感内化式

有些绘本的内涵、意蕴，孩子们一时半会儿还难以理解。这就可以通过大人充满感情的朗读及讲解，在孩子们心灵里埋下"希望的种子"，让这颗种子随着孩子渐渐长大而慢慢发芽。比如《小蟋蟀格里格里》系列，就是这样一套有着丰富内涵的原创绘本。

《小蟋蟀格里格里》系列绘本之《当世界还小的时候》封面及内页

知识挖掘式

一些绘本不单给孩子讲述故事，还巧妙地在画面中展示给孩子一些科学小知识。比如《寻着脚印回家》这本书中，出现了几次不同的

《寻着脚印回家》内文

脚印，引导着小主人公走到了不同小动物的家。阅读这段情节的时候，家长或老师就可以去引导孩子，有意识地观察每种小动物的脚印分别是什么样子的。

绘本的阅读还有很多方法，这有待于各位家长和老师在实践中去体会、思考和挖掘。

绘本的阅读，有利于培养孩子的情感、态度、价值观，能对孩子产生潜在的、长远的影响。如果二孩家庭的家长在教育孩子的过程中，能够充分发挥绘本的作用，引导孩子们参与、互动，那更是能达到事半功倍的效果！

（李睿）

兴趣班，报还是不报？

二孩家庭，教育经费更需精打细算。经常碰到年轻的妈妈跟我讨论，给孩子报什么样的兴趣班？报还是不报？不报吧，别人家的孩子都在报班，怕自己的孩子输在起跑线上。

报吧，家长要搭进去多少钱？多少陪读的时间？孩子还不一定能学出什么名堂来。也有的说，孩子的兴趣就是父母的金钱、精力、精神培养出来的。老大已经报了许多兴趣班，也没学出什么名堂，这老二报还是不报呢？

其实，人人都知道，所谓兴趣班是要根据孩子的兴趣来报的。问题是，谁知道这么小的孩子兴趣点在哪儿？兴趣能维持多久？

这么多的问题，首先要解决的就是"报还是不报"，这是个首要问题。

我不赞成与别人家的孩子攀比，也不赞成跟老大比，只想从小宝的将来设想一下。如果希望儿子将来是爱因斯坦式的物理学家，那要不要学会小提琴或者钢琴什么的？据说音乐对启迪理性思考有不可或缺的功效。如果想让女儿像希拉里那样将来走上从政的道路，那要不要先培养她口齿伶俐、在公众面前敢于演讲呀？再者，我们能够完全相信各种兴趣班就一定按照父母的思路去培养孩子吗？倘若培训班的老师真是什么大佬大咖级人物，他自己用得着靠办培训班来挣钱吗？

因此，要先摸摸孩子的兴趣在哪里。这要舍得花时间陪孩子参加各种各样的活动，去动物园看动物，去公园看植物，去音乐厅听小提琴演奏会、钢琴演奏会，欣赏歌剧、舞剧；去体育场馆看比赛……主要看看小家伙的反应是什么样的，是兴奋？是安静？是哭闹？还是打瞌睡？他若一见到老虎就笑，也许不是长大要成为动物学家，而是想成为画虎的名师呢？她听到小提琴就手舞足蹈，那她是要拉一曲美妙的音乐，还是要随着音乐翩翩起舞呢？这一切，都要家长细心揣摩，认真思考。

兴趣点一旦找到了，再到社会上有针对性地寻找兴趣班。说实在的，社会上各种班，名目繁多，老师质量参差不齐，鱼龙混杂，甚至越是在学校混不下去的老师，越急于挣点兼职上课费。妈妈们要有火眼金睛呀！

我知道，妈妈们都有自己的高招：问问周围的妈妈都选报了怎样的班，可以选择口碑不错的一起报，一来孩子有伴，二来家长有伴，哪天没时间接送就可以委托一下代接代送；也有妈妈亲自试听兴趣班，当然这需要妈妈有点辨识能力，最好爸爸也有时间，陪着试听一下。

我曾经试听过三个英语兴趣班，有两个被我 pass 了，原因是第一个老师说一个单词费半天劲，这个速度会把聪明孩子教成傻瓜，因为孩子的思维速度在迅速地增长，这样的老师是个累赘，赶紧退班跑吧！第二个班是一个很有名的培训机构办的，家长试听时，课堂上热闹非凡，老师和工作人员彬彬有礼、热情高涨，这也挑不出什么毛病，但是一堂课下来，没多少真金白银，在我眼里有点华而不实。

最后，我选择了一个名气不大的英语培训班，找了几个年龄差不多的孩子，一周一次课，家长可以派代表去。后来孩子念初中，就结伴坐公交车去上课，家长没什么压力。这第三个被选中的英语班有什么特点呢？重点还是在老师身上。因为那位英语教师的口语地道，图文结合，随时随地都往外冒英语。另外，我女儿虽然是插班生，但老师根本不提插班生的差距，而是一上来就像对其他同学一样要求。这是非常有利于女儿成长的，老师忽视这个差距，就在暗示这点差距根本不算什么，你很快就会赶上。果然，她很快就追上了。这点滴的感觉让我感到这位老师很有水平，不只是有英语的专业水平，其教育理念也是符合我的理想的。老师在整堂课中很少说中文，她配合着图画和动作，孩子们都能领悟，学英语需要的就是语境，她一直营造着学英语的语言环境，而不是用一堆语法呀、音标呀把孩子弄得云山雾罩的。知识都是一样的，甚至教材都是一样的，为什么不同的老师教出不同的孩子？那正是教育理念和方法不一样的结果啊。

　　所以，找到孩子的兴趣点，再找到合适的培训班，这才可以试一试报兴趣班。一旦报了，拴上的不仅是孩子，还有孩子的爸妈。报兴趣班可不能是一件随大流的事儿。如果每种班都试一下，不仅钱包里的银子紧张，恐怕造成事事半途而废，让宝贝以为做什么事都不必追求成功，这可能要埋下更大的隐患。

（胡萍）

怎样为孩子挑选学校？

中国人是很舍得在教育上投资的，基本不算计投入产出比。把孩子送进最豪华的幼儿园，让孩子上最昂贵的寄宿小学、中学，如果大学没考上一等一的好大学，再花巨资送孩子去国外的贵族大学深造！真是可怜天下父母心！

我要问一句：孩子自己需要什么呢？做父母的都明白吗？一开始送孩子上幼儿园的时候，当妈的大多会哭得上气不接下气，我无法直接面对此情此景，只好由她父亲代劳。所幸的是，女儿碰上一个特别爱孩子的阿姨。其实称不上阿姨，顶多是个姐姐。刚从学校毕业不久吧，一说话还脸红。但她会牵着孩子，抱着孩子，哄着孩子，仿佛每一个孩子都是她的宝贝。女儿每天回家都会汇报小柳老师怎样怎样，言语间透着依恋。这时候我明白了，孩子需要的是爱她的阿姨。尽管那个幼儿园一点名气也没有，但是，女儿度过了快乐烂漫的童年。

上什么样的小学也是件让家长头疼的事。当时我没有选择住家附近的小学，也没有选择大有名气的小学，我选择的是与我工作单位一条马路之隔的一所小学，因为一次偶然的机会，我了解到该小学校长提倡快乐教学，对老师要求很严。我之所以不去选择班主任，是因为以我自己上学的经历，大致也知道，学校里面对老师是会搭配的，一个强的班主任，其他科目的教师就会配得较弱。你不可能要求学校为你的孩子配备最强阵容的老师，这对其他班级的孩子是不公平的。而好校长就不一样，强将手下无弱兵，他会要求所有的老师跟上他的步伐，整体教学质量有保证，要比单科强吧。这样，女儿度过了一个无忧无虑的小学时光。

中学的选择也是这样，充分考虑并尊重女儿的想法。没有考虑什么市重点、区重点，我打听到一所中学在大张旗鼓地推进教育改革，让学生从初中直升高中，教学中倡导四段式学习，即学生自学——小组互学——课堂互讲——老师解疑。这正符合探究式学习的模式，这所学校的校长堪称教育家，有独特的教育思想，特别热爱孩子，这都是我选择该校的理由。

孩子上什么样的课外班？这也很有学问呢。刚开始，孩子在小学二年级时，自己在学校选了一个课外班学英语，当时我没在意，觉得许多孩子一起学英语，也挺有意思的，又在本校的教室里，利用的是放学后的时间。可是几个月过去了，孩子只学会了几个单词。我悄悄地坐到教室最后一排，听了一节课，听得我火冒三丈，原来这个老师在教字母、发音等等，根本没考虑孩子学一门外语的困难所在，根本没有考虑中国人应该如何学外语，照她这样教下去，既不得法，思维又极慢，孩子们会被她拖累的，因为小孩子的思维速度一天天在长进，如果像她一样一个词都要想半天，真的会被她耽误的。我当即停了这个课外班，女儿还委屈得不行，我只好答应她一定找一个很棒的课外班。后来，我亲自听了好几个课外班的试讲，帮她选择了一所业余学校的课外班，因为那位英语教师的口语地道，图文结合，随时随地都往外冒英语，我女儿虽然是插班生，但老师根本不提插班生的差距，而是一上来就像对其他同学一样要求。这是非常有利于女儿的成长的，老师忽视这个差距，就在暗示这点差距根本不算什么，你很快就会赶上。果然，她很快就追上了。这点滴的感觉让我感到这位老师很有水平，不只是有英语的专业水平，其教育理念是符合我的理想的。

在孩子成长的路上，父母能做的是什么？恐怕不只是喂饱、穿暖、付学费这么简单吧？

（胡萍）

升学，尊重孩子的选择，她会一路带给你惊喜

　　有了二宝，因为照顾小宝需要更多的精力，父母和祖父母的教育重心免不了会转移到小宝身上，大宝的学业怎么办？无论是老大还是老二，孩子们面对升学时的困难、机遇，都是不能忽视的，需要父母从长计议。下面分享发生在我女儿身上的升学案例，也许有参考价值。

　　小学毕业时，女儿说同班同学已经有很多人择校升初中，都和学校签好协议了，有人大附中的，有清华附中的，她也想择校。我问她派位不是很好吗，为什么要择校？女儿说，派位没有选择，只有一所中学，而这所中学学生不爱学习，生源不好。我估计她是听其他学生说的，因为择校的学生家长一定是充分了解情况再做决定的。我笑着说，你们这班学生去了不就改变了他们吗？女儿表示坚决不去派位的初中，打死也不去。我说，我们在北京举目无亲，爸爸妈妈不认识教育界的人，也不知道哪所学校好，你说怎么办呢？女儿打定主意自己到招生的学校去考试。既然她下定决心，我就陪她参加考试。至于考得上考不上，我一点也不着急，因为有派位的学校兜着底呢，她总有学上呗。再说，再好的学校也有混日子的学生，再没名气的学校也有争气的学生。当时很多学校的升学考试安排在同一天，我们只能选择

时间上不冲突的参加，有许多名校已经结束招生了，我们只能根据时间认真地选择了四所排名不是特别靠前的学校，被三所录取了。然后由女儿选择上哪所，她选择了北京市十一学校，理由是校园里到处是参天大树，她喜欢树。

就这样上了初中，那时择校代价很大，女儿一直为此于心不忍，对我说："妈妈，我一定不会让家里的钱白花的，我一定会让这钱花得特别值。"我很开心："好啊，我相信你不会虚度光阴，会对得起自己的青春，不只是对得起这钱。"就这样一晃三年过去了，女儿以优异的成绩直接升入十一学校高中部，当时也有孩子考入其他名校，我问女儿高中要不要换一所学校？她说，不换，理由是她喜欢十一学校，而且直升会为她节约许多复习的时间，在其他孩子为升高中复习备考时，她已经开始学习高中的知识了。她要在高中时参加物理竞赛，时间对她很宝贵。我问她干嘛要考物理竞赛？这是极有风险的，搞不好竞赛没拿到名次，考大学的成绩也上不去。女儿说，她计算了一下时间，考完竞赛还有六个多月的时间备战高考，她来得及。我又一次尊重了女儿的选择。我想，相信她，她就会向你展示奇迹。

升入高中的她更加忙碌，但她把每一天的时间安排得井井有条，甚至精确到每一分钟。老师让她在全年级家长会上介绍她的一天都是怎么安排的。从初一开始，她就住校。每周回来一次，周六的晚上经常陪我看电视到深夜，第二天也总是一觉睡到星期天中午。那次家长会我和先生因为工作原因都没法参加，也根本无从听说女儿的时间安排表。所以当有一位同学家长问我女儿回家都干啥时，我说看电视。又问除了看电视呢？我说睡大觉。没有家长信我，我自己也诧异，但想来想去真的只是看电视和睡大觉。还有家长不死心，追问我："你不管吗？"我说："不管，学习不是靠父母管出来的。"她一次次拿回竞赛得的奖，还有学校发的各种名目的奖状。我常笑她："睡大觉也能拿奖，居然还有好几个是北京市一等奖，真不错。"她也就莞尔一笑。高三那年等她考完竞赛回到班里，一周后参加了一次阶段考试，班级第十一名，吓我一跳，虽然我对她的名次一直是不太上心，但是听惯了年级前十名，这次连班级前十名都没进去，一下子可真惊住了。女儿却笑得很开心，她说："我都三个月没上课了，这个成绩相当满意。"我想女儿说的一定有道理，于是我和她一样开心。

2009 年元旦期间，女儿被学校保送，我陪她去清华参加笔试和面试。我的心里很坦然，能上清华当然好，上不了也没关系，毕竟后面还有高考呢。没想到，十一学校去了三十多个学生，笔试后只留下六名，女儿就是这六名之一。面试女儿也闯过去了。从此她就一边复习迎考，一边减肥。她戏说："妈妈，我悟出了一个道理，缺什么补什么！"我说："什么叫缺什么补什么呀？"她说："我的同学们一个劲地复习，他们以前没抓紧时间学习呗；我天天跑三千米，我以前没抓紧时间锻炼呗！"我乐了，问她："那你现在除了跑步天天在做些什么？"她说："复习功课参加高考，班里的公共事务多做些，给其他同学腾出时间复习；还负责解答同学们学习上的问题，一句话，凡是费时间的事都是我做。"看到女儿这么懂事，这么能替别人着想，比什么都令我高兴。

　　女儿高考那几天，我和她爸像往常一样上班、下班。她住在学校里，她吃得怎样？睡得怎样？情绪怎样？我们一概不知。有朋友说，那是因为她在高考前就已经拿到清华的录取通知书了，我们两口子不用着急。但我回想她的每一次升学，都是她自己拿的主意。我们只是陪她去，陪她开心，却没有陪她着过急。在她很小的时候，我就告诉她，学习是她自己的事，我既替代不了，也着急不得。所以，我要告诉朋友们：升学是孩子自己的事，你既替代不了，也着急不得。

（胡萍）